Swedish Tutor

Grammar and Vocabulary Workbook

Swedish Tutor

Grammar and Vocabulary Workbook

Ylva Olausson

First published in Great Britain in 2015 by Hodder and Stoughton

An Hachette UK company

This edition published in 2015 by John Murray Learning

The publisher has used its best endeavours to ensure that any website addresses referred to in this book are correct and active at the time of going to press. However, the publisher and the author have no responsibility for the websites and can make no guarantee that a site will remain live or that the content will remain relevant, decent or appropriate.

The publisher has made every effort to mark as such all words which it believes to be trademarks. The publisher should also like to make it clear that the presence of a word in the book, whether marked or unmarked, in no way affects its legal status as a trademark.

Every reasonable effort has been made by the publisher to trace the copyright holders of material in this book. Any errors or omissions should be notified in writing to the publisher, who will endeavour to rectify the situation for any reprints and future editions.

Typeset by Cenveo® Publisher Services.

Printed and bound in Great Britain by CPI Group (UK) Ltd., Croydon, CR0 4YY.

John Murray Learning policy is to use papers that are natural, renewable and recyclable products and made from wood grown in sustainable forests. The logging and manufacturing processes are expected to conform to the environmental regulations of the country of origin.

Carmelite House
50 Victoria Embankment
London EC4Y 0DZ
www.hodder.co.uk

CONTENTS

SCOPE AND SEQUENCE OF UNITS

LANGUAGE		SKILLS	
GRAMMAR	**VOCABULARY**	**READING**	**WRITING**
Main: Word classes Nouns and articles Using present simple and past simple verbs Using personal pronouns Adjectives Using adverbs to describe actions Using prepositions to talk about time and location Sentence structure and word classes **Subsidiary:** Using numbers in Swedish Ordinal numbers Dates	Compound words	Read a personal email	Write an email to a friend and tell him or her what you do on a typical day
Main: Word order – Main clauses The different kinds of main clauses Statements **Yes/No** questions **V-** questions Commands **Subsidiary:** Changing the meaning of the main clause – 'Inte' and other clause adverbs	Around Sweden	Read a web page about Sweden	Write about a country you know well
Main: Present tense and infinitives Forming the present tense, infinitives and imperative verbs Using auxiliary verbs **Subsidiary:** Short answers (**kortsvar**)	Housework and chores	Read about Tor's life	Write a plan for how you will divide up and share chores and housework with your partner in your new flat

Main: Nouns Forming plural nouns Using indefinite and definite forms Forming definite nouns (singular and plural) Possessive nouns	Items around the house	Read a blog post	Write an email to your relative about the things in your home
Main: Adjectives Adjective forms Indefinite adjectives Definite adjective forms Irregular adjectives **Subsidiaries:** Describing yourself and other people	Describing people	Read about Marita, Lena, and Erik's flats	Describe your home in detail
Main: Pronouns Reflexive pronouns Possessive pronouns Interrogative pronouns (question words) **Subsidiaries:** Forming sentences with pronouns	Vocabulary in context	Read about Monika in Toronto	Write an email to this book's author and ask her personal questions
Main: Prepositions – **i** or **på**? Prepositions expressing position Prepositions expressing direction Adverbs of place **Subsidiaries:** Expressing **put** in Swedish: **är – ligger – sitter – står**	Cities	Read about Uppsala	Write about a city you know well

Main: Verbs – the present system Describing the future in Swedish How to form the perfect **Subsidiaries:** Present time expressions Future time expressions Talking about plans	Daily life	Read about Johan and his daughter	Write an email describing what you do on a typical day
Main: Verbs – the past system How to form the past tense	Past actions	Read a biography about Alfred Nobel	Write a biography of a historical person
Main: Subordinate clauses Subordinators Position in the main clause and word order in the subordinate clause **Som**-clauses and other relative clauses The conditional **Subsidiaries:** **Som** **Där** and **dit** **Vilken, vilket, vilka**	Historical people	Read a historical text about Queen Kristina	Reply to an invitation from Queen Kristina

Main: Pronouns and determiners **Subsidiaries:** The use of different forms **all/allt/alla** **annan/annat/andra** **hel/helt/hela** **någon/något/några/** **någonting** **sådan/sådant/sådana** **Ingen** and **någon** in negative sentences **Den här / den där** Talking about people in general – **man**	Tourism	Read a text about Småland and its attractions	Write about a tourist attraction you have been to
Main: Adjectives + nouns Using the indefinite form with nouns and adjectives Using the definite form with nouns and adjectives **Subsidiaries:** Talking about something specific Using adjectives after the verbs **är** and **blir** Nouns with vowel change	Snus	Read about Swedish snus	Write something that is typical or iconic for the place you come from
Main: Verb group 4 and irregular verbs How to use **blir (blev-blivit)** The present, past and supine forms of short verbs The present, past and supine forms of irregular verbs **Subsidiaries:** The present, past and supine forms of verbs in group 4 Verbs that 'contain' a group 4 verb or an irregular verb	The Vikings	Read a historical text about the Vikings in Sweden	Write an imaginary interview with a Viking

Main: Verbs ending in **-s** **Subsidiaries:** How to form **s**-verbs Common deponent verbs	Recounting events	Read about the Eriksson family	Write a news article about Emil's grandmother's accident
Main: Verbs with particles Particles and word order Particles used as the first part of compound verbs – **går in** → **ingår** **Subsidiaries:** **Ser . . . ut (look like/appear)**	Relationships	Read about Susanna and Niklas	Describe how you will surprise someone with a fantastic meal
Main: **Presens particip (present participle)** Forming the present participle **Perfekt particip (past participle)** **Perfekt particip** in passive constructions Forming the **perfekt particip** **Subsidiaries:** **Ommålad (repainted)** – the particle **om** Forming the **perfekt particip** from verbs with a particle: målar om → **ommålad**	Biographies	Read a biography of the Swedish politician Anna Lindh	Write a blog post expressing your frustration with politics

Main: Adjectives – comparisons **Komparativ** (comparative) **Superlativ** (superlative) **Subsidiaries:** Forming the **komparativ** and **superlativ** -ast / -aste **Mer / Mest** Irregular adjectives	Descriptions	Read about Åsa and Urban's relationship	Write an email to Urban expressing your feelings about him
Main: **Tycker** **Tror** **Tänker**	Nature in Sweden	Read about wolves in Sweden	Write a blog post about nature-loving Swedes
Main: Transitive and intransitive verbs **Subsidiaries:** Verbs ending in -**na** **Byter, växlar, ändrar, förändrar (change/ exchange)**	Transitive and intransitive verbs	Read about the film Hanna is watching	Write a review of a film you like
Main: Prepositions – time, feelings and attitudes Prepositions in time expressions Talking about feelings and attitudes The preposition and its place in the sentence **Subsidiaries:** **When do you usually... ?** **Hur länge ...? (For how long...?)** **Hur ofta ...? (How often...?)** What is this about? = **Vad handlar det här <u>om</u>?** Om → subjects, topics, etc.	Prepositional expressions	Read about Ishotellet in Sweden	Write a note to your travel companions explaining why you want to travel to northern Sweden

I was born in Sweden and earned my MA degree in Scandinavian Languages, English and Spanish at Uppsala University in 1986. After that I went to the Teacher's Training College, also at Uppsala. My main interest soon became teaching Swedish to exchange students and adult immigrants. Swedish as a Second Language (SSL) was a new subject in Sweden in those days, and Uppsala University was among the first universities to offer SSL courses. It was a joy to meet the teachers on these courses since they were genuinely enthusiastic about the subject, very competent and open to new ideas about language learning and teaching.

After more than ten years of teaching in Sweden I got the opportunity to combine my interest in Spain and the Spanish language with teaching Swedish as a Foreign Language at the University of Alcalá de Henares, in the Madrid area. Later on I taught Swedish at Hankuk University of Foreign Studies in Seoul, South Korea, at the University of Jyväskylä in Finland, at the University of Edinburgh in Scotland and at the University of Borås in Sweden. At present, I am teaching Swedish at SIFA (Stockholm Intensive Swedish for Academics), which is located close to Göteborg (Gothenburg), the second biggest city in Sweden.

About ten years ago I published my first book, *Kort och lätt*, (Swedish reading comprehension). After that I published two course books for SSL and also three easy reading stories for students of SSL.

To Inger, Åsa, Helena and Swamy

I thank all my students and colleagues over the years for teaching me so much. Among all the colleagues I have met, a special thanks goes to Monika Åström who has been a great support and inspiration throughout my teaching life. Other colleagues to whom I wish to extend special thanks are Helena Forsås-Scott and Alan Macniven at the University of Edinburgh and Annika Lindskog at the University College of London.

I am also very indebted to Åke Viberg, Kerstin Ballardinai, Sune Stjärnlöf, Philip Holmes and Ian Hinchliffe, whose grammatical works I have used.

Lastly, I would like to thank my editors, Eric Zuarino and Frances Amrani, for their patience and help.

Ylva Olausson

ART CREDITS

If you have studied Swedish before, but would like to brush up on, or improve your grammar, vocabulary, reading and writing skills, this is the book for you. The Swedish Tutor is a grammar workbook which contains a comprehensive grammar syllabus from high beginner to upper intermediate and combines grammar and vocabulary presentations with over 200 practice exercises.

The language you will learn is presented through concise explanations, engaging exercises, simple infographics, and personal tutor tips. The infographics present complex grammar points in an accessible format while the personal tutor tips offer advice on correct usage, colloquial alternatives, exceptions to rules, etc. Each unit contains reading comprehension activities incorporating the grammar and vocabulary taught as well as a freer writing and real-life tasks. The focus is on building up your skills while reinforcing the target language. The reading stimuli include emails, blogs, social media posts and business letters using real language so you can be sure you're learning vocabulary and grammar that will be useful for you.

You can work through the workbook by itself or you can use it alongside our *Complete Swedish* course or any other language course. This workbook has been written to reflect and expand upon the content of *Complete Swedish* and is a good place to go if you would like to practise your reading and writing skills on the same topics.

This book is designed for anyone with basic knowledge of Swedish wishing to develop his or her ability to read and write.

In most cases a unit starts with the heading **Meaning and usage**, where you will find explanations behind the grammar and vocabulary that is taught in the unit and the proper context for its usage. After that follows the focus on **form** and finally the new knowledge is consolidated through different kinds of **activities**. **Vocabulary** appropriate to the grammar content is also taught and linked to activities. Each unit also contains the **Reading** of a text with comprehension questions and vocabulary activities after it. There is then a **Writing** task to practise and consolidate everything learnt in the unit. At the end **Self-check** lets you see what you can do after having completed each unit. The **answer key** helps you check your progress by including answers to all the activities in the book.

Throughout the book the discovery method draws your attention to key language points in the grammar and vocabulary. This gives you rich possibilities to understand the structure of written Swedish in practice.

Once you have completed all units in this book successfully, you will be able to proceed with more advanced Swedish textbooks, for example, *Språkporten bas* by Monika Åström. It is also strongly recommended that you use every possibility to access authentic Swedish that you find on the Internet such as Swedish newspapers, Swedish radio and television and lots of other resources depending on your interests.

There are lots of philosophies and approaches to language learning, some practical, some quite unconventional, and far too many to list here. Perhaps you know of a few, or even have some techniques of your own. In this book we have incorporated the Discovery Method of learning, a sort of awareness-raising approach to language learning. What this means is that you will be encouraged throughout to engage your mind and figure out the language for yourself, through identifying patterns, understanding grammar concepts, noticing words that are similar to English, and more. This method promotes language awareness, a critical skill in acquiring a new language. As a result of your own efforts, you will be able to better retain what you have learnt, use it with confidence, and, even better, apply those same skills to continuing to learn the language (or, indeed, another one) on your own after you've finished this book.

Everyone can succeed in learning a language – the key is to know how to learn it. Learning is more than just reading or memorizing grammar and vocabulary. It's about being an active learner, learning in real contexts, and, most importantly, using what you've learnt in different situations. Simply put, if you figure something out for yourself, you're more likely to understand it. And when you use what you've learnt, you're more likely to remember it.

As many of the essential but (let's admit it!) challenging details, such as grammar rules, are introduced through the Discovery Method, you'll have more fun while learning. Soon, the language will start to make sense and you'll be relying on your own intuition to construct original sentences independently, not just reading and copying.

Enjoy yourself!

BECOME A SUCCESSFUL LANGUAGE LEARNER

1 Make a habit out of learning

▶ Study a little every day, between 20 and 30 minutes is ideal.

▶ Give yourself **short-term goals**, e.g., work out how long you'll spend on a particular unit and work within this time limit, and **create a study habit**.

▶ Try to **create an environment conducive to learning** which is calm and quiet and free from distractions. As you study, do not worry about your mistakes or the things you can't remember or understand. Languages settle gradually in the brain. Just **give yourself enough time** and you will succeed.

2 Maximize your exposure to the language

▶ As well as using this book, you can listen to the radio, watch television or read online articles and blogs.

▶ Do you have a personal passion or hobby? Does a news story interest you? Try to access Swedish information about them. It's entertaining and you'll become used to a range of writing and speaking styles.

3 Vocabulary

▶ Group new words under **generic categories**, e.g., *food, furniture,* **situations** in which they occur, e.g., under *restaurant* you can write *waiter, table, menu, bill,* and **functions**, e.g., *greetings, parting, thanks, apologizing.*

▶ Write the words over and over again. Keep lists on your smartphone or tablet, but remember to switch the keyboard language so you can include all accents and special characters.

▶ Cover up the English side of the vocabulary list and see if you remember the meaning of the word. Do the same for the Swedish.

▶ Create flash cards, drawings and mind maps.

▶ Write Swedish words on post-it notes and stick them to objects around your house.

▶ **Experiment with words.** Look for patterns in words, e.g., make words plural by changing the ending **-a** to **-or: flicka/flickor**.

4 Grammar

▶ **Experiment with grammar rules.** Sit back and reflect on how the rules of Swedish compare with your own language or other languages you may already speak.

▶ Use known vocabulary to practise new grammar structures.

▶ When you learn a new verb form, write the conjugation of several different verbs you know that follow the same form.

5 Reading

The passages in this book include questions to help guide you in your understanding. But you can do more:

▶ **Imagine the situation.** Think about what is happening in the extract/passage and make educated guesses, e.g., a postcard is likely to be about things someone has been doing on holiday.

- **Guess the meaning of key words before you look them up.** When there are key words you don't understand, try to guess what they mean from the context. If you're reading a Swedish text and cannot get the gist of a whole passage because of one word or phrase, try to look at the words around that word and see if you can work out the meaning from context.

6 Writing

- Practice makes perfect. The most successful language learners know how to overcome their inhibitions and keep going.
- When you write an email to a friend or colleague, or you post something on social media, pretend that you have to do it in Swedish.
- When completing writing exercises see how many different ways you can write it, imagine yourself in different situations and try answering as if you were someone else.
- Try writing longer passages such as articles, reviews or essays in Swedish, it will help you to formulate arguments and convey your opinion as well as helping you to think about how the language works.
- Try writing a diary in Swedish every day, this will give context to your learning and help you progress in areas which are relevant to you.

7 Visual learning

- Have a look at the infographics in this book, do they help you to visualise a useful grammatical point? You can keep a copy of those you find particularly useful to hand to help you in your studies, or put it on your wall until you remember it. You can also look up infographics on the Internet for topics you are finding particularly tricky to grasp, or even create your own.

8 Learn from your errors

- Making errors is part of any learning process, so don't be so worried about making mistakes that you won't write anything unless you are sure it is correct. This leads to a vicious circle: the less you write, the less practice you get and the more mistakes you make.
- Note the seriousness of errors. Many errors are not serious as they do not affect the meaning.

9 Learn to cope with uncertainty

- Don't over-use your dictionary.
  Resist the temptation to look up every word you don't know. Read the same passage several times, concentrating on trying to get the gist of it. If after the third time some words still prevent you from making sense of the passage, look them up in the dictionary.

Introduktion

Introduction

In this unit you will learn how to:

- ✓ Use numbers to tell the time and understand prices
- ✓ Understand basic word order and word classes in Swedish
- ✓ Understand and use compound words
- ✓ Describe what happens in a typical day

CEFR: Can handle numbers, quantities, cost and time (A1); Can write short, simple notes (A1); Can produce simple mainly isolated phrases and sentences to describe where he lives and people he knows (people and places) (A1); Can understand short simple personal letters (A2).

The aim of this unit is to give a quick review of basic Swedish grammar and vocabulary. To explain Swedish grammar, some terminology is necessary, but remember, you are on your way to being a Swedish language user, not a linguist. That means you need to learn to make use of some grammar terminology as a tool, which can make your learning more structured and therefore more efficient.

Word classes

Nouns and articles

Swedish nouns are words for people, animals, things, places, materials and ideas. Nouns in Swedish can be categorized into **en** and **ett** words.

en flicka *(a girl)* – **många flickor** *(many girls)*

ett problem *(a problem)* – **många problem** *(many problems)*

En and **ett** are indefinite articles and they are used in the same way as *a/an* in English:

Hon såg *en bil* på gatan. *(She saw a car in the street.)* **Han har *ett problem*.** *(He has got a problem.)*

Both English and Swedish have some nouns that are not countable, e.g., materials (**koppar** *'copper'*) and abstract ideas (**kärlek** *'love'*). These nouns are used without **en** or **ett**. In this group we also find some food and beverages:

Vi dricker *kaffe*. *(We are having coffee.)*

Vi äter *soppa*. *(We are having soup.)*

In Swedish, you can show possession by adding an **-s** at the end of a name. This shows that a person possesses or owns something: **Viktor_s cykel** *(Viktor's bicycle)*.

*About 80 per cent of all Swedish nouns are **en**-words. Although there are many ways to determine which article to use, it is easier to just learn the article along with the noun. This advice also applies to uncountable nouns – even if **en/ett** is not used together with them, they take the definite ending:* **kaffe**t *(the coffee),* **soppa**n *(the soup).*

It is important to know if a noun is an **en** or **ett** word because this will determine the endings that the nouns take with the definite article (the equivalent to *the* in English). In Swedish, the definite article is added to the end of the noun. Definite articles in Swedish also agree in number and are different for **en** and **ett** words.

Flickan **är åtta år.** *(The girl is eight years old.)* **Problem**et **är löst.** *(The problem is solved.)*

If a noun ends in a vowel, (= **a, o, u, å, e, i, y, ä, ö**), only add -**n** (for **en** words) or -**t** (for **ett** words) at the end. If it ends in a consonant, add -**en** (for **en** words) or -**et** (for **ett** words):

en bil → **bil**en	**en flicka** → **flicka**n	**ett problem** → **problem**et	**ett äpple** → **äpple**t
a car → *the car*	*a girl* → *the girl*	*a problem* → *the problem*	*an apple* → *the apple*

A   Write the nouns with the correct indefinite and definite articles in the table.

Indefinite	Definite	Indefinite	Definite
ett barn	3 barnet (child)	en station	7 station (station)
1 en fisk	fisken (fish)	ett bibliotek	8 biblioteket (library)
en lärare	4 (teacher)	5	blomman (flower)
2 drott	drottningen (queen)	6 ett hjärta	hjärtat (heart)

 Try to make a habit of learning all new words, their forms and their meanings as they appear in the texts and examples in this book.

Using present simple and past simple verbs

If something is happening now (= present tense), most Swedish verbs end in -**ar**, -**er** or -**r.**
If something happened in the past, the most common ending is -**de** (= past tense).

Notice that in English, present and past verbs have two forms: the simple form and the *-ing* form. In Swedish there is no *-ing* form:

De pratar. *(They talk. / They are talking.)*

De pratade igår. *(They talked yesterday. / They were talking yesterday.)*

Swedish verb forms do not change to agree with the person or number, for example: **Jag är** *(I am)*, **du är** *(you are)*, **hon/han/den/det är** *(she/he/it is)*, **vi är** *(we are)*, **ni är** *(you are)*, **de är** *(they are)*.

B   Complete the sentences with pratar or pratade. **Look at the English translations to help you.**

   1   Anna _____ **i telefon.** *(Anna is talking on the phone.)*

   2   Igår _____ **Anna i telefon.** *(Yesterday Anna was talking on the phone.)*

   3   Anna och hennes mamma _____ **i telefon.** *(Anna and her mother are talking on the phone.)*

   4   Anna _____ **alltid i telefon.** *(Anna is always talking on the phone.)*

   5   Anna _____ **i telefon med sin mamma.** *(Anna talks on the phone with her mother.)*

   6   Igår _____ **Anna i telefon med sin mamma.** *(Yesterday Anna talked on the phone with her mother.)*

 In Swedish you cannot predict if a verb is regular or irregular by looking at it. Therefore it is best to learn the different forms together with the verb. For example: **glömmer – glömde – glömt** *(forget – forgot – forgotten),* **springer – sprang – sprungit** *(run – ran – run).*

Using personal pronouns

The action described by a verb can be performed by a person: **Ylva och Tomas promenerar** *(Ylva and Tomas are walking).* It could also be performed by a thing: **Tåget anländer klockan tio över tolv.** *(The train arrives at ten past twelve.)* → **Det anländer klockan tio över tolv.** *(It arrives at ten past twelve.)*

In this example the personal pronoun **de** *(they)* (pronounced *'dom'*) can be used instead of 'Ylva och Tomas': → **De promenerar.** *(They are walking.)*

Singular		Plural	
jag	*I*	**vi**	*we*
du	*you*	**ni**	*you*
hon	*she*	**de**	*they*
han	*he*		
den	*it* (**en**-words)		
det	*it* (**ett**-words)		
man	*one* (impersonal)		

*The general pronoun **man** is used a lot more frequently than the English 'one' and without its class overtones. It covers, for example, the situations where English might use a general 'you', 'they', 'we' or 'people':* **Man måste stanna vid stoppskylten.** *(You have to stop at the stop sign.)*

C Complete the sentences with the correct pronoun. Use the table to help you.

1 Varifrån kommer <u>Alexander Skarsgård</u>? *Han* kommer från Sverige. *(Where does Alexander Skarsgård come from?)*

2 Vad heter <u>Peters flickvän</u>? ____ heter Sara. *(What is Peter's girlfriend's name?)*

3 Vad kostar <u>en melon</u>? ____ kostar 20 kronor. *(How much does a melon cost?)*

4 Vad heter <u>Christinas bror</u>? ____ heter Ronny. *(What is Christina's brother's name?)*

5 När kommer <u>du och Peter</u> hem? ____ kommer hem klockan fem. *(When are you and Peter coming home?)*

6 Hur många barn har <u>Petra och Jim</u>? ____ har tre barn. *(How many children do Petra and Jim have?)*

7 Hur många svenska ord kan <u>du</u>? ____ kan cirka 150 svenska ord. *(How many Swedish words do you know?)*

Adjectives

As in English, the adjective appears before the noun: **en varm sommardag** *(a hot summer's day)* or after the verbs **är** and **blir**: **Det är varmt idag.** *(It is hot today.)* **Dagarna blir långa.** *(The days are becoming long.)* The spelling of adjective + noun construction in Swedish depends on whether the noun is **en** or **ett**, and if it is singular or plural.

D Fill in the missing forms in the table below.

	En- nouns	Ett- nouns	Plurals	English translation
	[no ending]	-t	-a	
1		billigt	billiga	*cheap*
	svensk	2	svenska	*Swedish*
	varm	varmt	3	*hot, warm*

Now complete these phrases with the missing forms.

en billig bok *(a cheap book)* **ett billigt hus** *(a cheap house)* _____ **böcker** *(cheap books)*

en _____ **man** *(a Swedish man)* **ett svenskt namn** *(a Swedish name)* **svenska män** *(Swedish men)* →

en varm tröja *(a warm sweater)* **ett** _____ **element** *(a hot radiator)* **varma jackor** *(warm jackets)*

Some more common adjectives are:

dyr *(expensive)*   **kall** *(cold)*   **trevlig** *(nice)*

gul *(yellow)*   **stor** *(big)*   **vacker** *(beautiful)*

E **Describe the nouns below. Choose one of the six common adjectives presented above in the singular en- or ett- form.**

en familj   en banan

ett hus   ett hotell

ett äpple   en restaurang

en vinterdag   en lektion

en film

Using adverbs to describe actions

Adverbs typically modify some aspect of the sentence, such as the meaning of the verb. In this case, the adverb comes after the verb.

The adverb, or modifier, can be just one word like **vackert** in: **Han sjunger vackert** *(He sings beautifully)* or a phrase like **på ett gudomligt sätt** *(in a divine way)* in: **Han sjunger på ett gudomligt sätt.** *(He sings in a divine way.)*

Many adverbs are made from adjectives, like **verklig** *(real)* → **verkligen** *(really)*. However, common adverbs like **inte** *(not)*, **aldrig** *(never)* and **alltid** *(always)* are not derived from adjectives. These adverbs can be used to change the meaning of a sentence:

→ **Jag är hemma.** *(I am at home.)* + **inte** → **Jag är inte hemma.** *(I am not at home.)*

+ **aldrig** → **Jag är aldrig hemma.** *(I am never at home.)*

+ **alltid** → **Jag är alltid hemma.** *(I am always at home.)*

F **Look at the preceding examples and write three sentences in Swedish saying what you** *don't* **do, what you** *never* **do and what you** *always* **do.**

Using prepositions to talk about time and location

We commonly use prepositions to show a relationship in space or time or a logical relationship between two or more people, places, or things. Prepositions are most commonly followed by a noun phrase or pronoun. For example, prepositions can indicate *where* and *when* something takes place:

De går på trottoaren.   *(They walk _on_ the pavement.)*

Vi ses på måndag!   *(See you _on_ Monday!)*

Very often Swedish and English prepositions do not correspond to each other as nicely as in the two examples above. It is especially important that you pay attention to the usage of prepositions in time expressions, since the wrong preposition could cause serious misunderstandings. For example: **Vill du träffa mig i morgon?** *(Do you want to see me _tomorrow?_)* **Vill du träffa mig på morgonen?** *(Do you want to see me _in the morning?_)*

G Look at the sentences below. Do the underlined prepositions refer to time or place?

1 Reykjavic ligger på Island.

2 Katten ligger (lies down) på golvet (the floor).

3 Jag sitter (sit) på stolen (the chair).

4 De kommer på fredag.

Using numbers in Swedish

Counting and telling the time with cardinal numbers

1 en/ett	6 sex	11 elva	16 sexton	21 tjugoen/ett	50 femtio
2 två	7 sju	12 tolv	17 sjutton	22 tjugotvå	60 sextio
3 tre	8 åtta	13 tretton	18 arton	30 trettio	70 sjuttio
4 fyra	9 nio	14 fjorton	19 nitton	31 trettioen/ett	80 åttio
5 fem	10 tio	15 femton	20 tjugo	40 fyrtio	90 nittio

100 hundra / etthundra   101 hundraett / (ett) hundraett   235 tvåhundratrettiofem

315 trehundrafemton   1000 tusen / ettusen   1001 (ett) tusenen / tusenett

100 000 (ett) hundratusen   1 000 000 en miljon   0 noll

The year is written/said as follows:

1789 = **sjuttonhundraåttionio** 'seventeen hundred eighty-nine'

2016 = **tjugohundrasexton** 'twenty-hundred sixteen'

The century is written/said like this:

1700-talet: sjuttonhundratalet (the 18th century)

2000-talet: tjugohundratalet (the 21st century)

Here are some common Swedish time expressions:

Hur mycket är klockan? / Vad är klockan? (What's the time?)

> *Only the numbers **en** and **ett** show if the noun is an **en-** or **ett-** word. After counting to twenty, **en** is normally used for both **en-** and **ett-**words: **en lampa** → **tjugoen lampor, ett äpple** → **trettioen äpplen***

H Match the Swedish statements to the times on the clocks.

1 Den är tjugo i ett. a

2 Den är kvart i två. b

3 Den är kvart över sex. c

4 Den är halv sex. d

5 Den är tio över ett. e

6 Den är tjugo över sju. f

7 Den är fem i halv två. g

8 Den är fem över halv två. h

I   Hur mycket är klockan? / Vad är klockan? **Tell the time in Swedish. Look at the expressions in Activity H to help you.**

1 *8.10 Den är tio över åtta.*   2 *3.35*

3 *11.20*   4 *12.30*

5 *1.15*   6 *4.40*

7 *7.55*   8 *9.55*

9 *8.25*   10 *2.50*

Ordinal numbers

Ordinal numbers have only one form:

första *(first)*	**fjärde** *(fourth)*	**sjunde** *(seventh)*	**tionde** *(tenth)*	**trettonde** *(thirteenth)*	**tjugonde** *(twentieth)*
andra *(second)*	**femte** *(fifth)*	**åttonde** *(eighth)*	**elfte** *(eleventh)*	**fjortonde** *(fourteenth)*	**tjugoförsta** *(twenty-first)*
tredje *(third)*	**sjätte** *(sixth)*	**nionde** *(ninth)*	**tolfte** *(twelfth)*	...	**trettionde** *(thirtieth)*
hundrade *(hundredth)*	**tusende** *(thousandth)*	**miljonte** *(millionth)*			

Dates

Veckans sju dagar *(The seven days of the week):* **måndag, tisdag, onsdag, torsdag och fredag =** **vardagar** *(weekdays)*

lördag och söndag = helgdagar *(weekend days)*

Årets tolv månader *(The twelve months of the year):* **januari, februari, mars, april, maj, juni, juli, augusti, september, oktober, november, december**

Årets fyra årstider *(The four seasons of the year):* **vinter** *(winter),* **vår** *(spring),* **sommar** *(summer),* **höst** *(autumn)*

J   **Write the full dates below in letters, as in the example.**

1 *25/4 = den tjugofemte april*

2 *7/8 =*

3 *6/7 =*

4 *3/11 =*

5 *18/5 =*

6 *28/2 =*

K Answer the questions.

1 **Vilken dag kommer före söndag?** *lördag*
   (Which day comes before Sunday?)

2 **Vilken dag kommer efter måndag?** _____
   (Which day comes after Monday?)

3 **Vilken dag kommer mellan onsdag och fredag?** _____
   (Which day comes between Wednesday and Friday?)

4 **Vilka dagar är helgdagar?** _____
   (Which days are weekend days?)

5 **Vilken dag kommer efter tisdag?** _____
   (Which day comes after Tuesday?)

6 **Vilken veckodag tycker du bäst om?** _____
   (Which weekday do you like the best?)

Sentence structure and word classes

	Jag	Har	Aldrig	Tittat	På	Svensk	Teve.
	I	*have*	*never*	*watched*		*Swedish*	*television.*
word class	pronoun	verb	adverb	verb	preposition	adjective	noun
parts of the sentence	subject	verb	adverb	verb			object

In Units 2 and 10, the rules for the Swedish word order are presented. Swedish word order is less flexible than English word order, but in many cases the rules are the same. For example, the meaning of the following sentences depends on whether the noun **Erik** functions as a subject or an object. Notice that the Swedish word order is the same as the English word order:

Erik kramar Sofia. *(Erik hugs Sofia.)*   **Sofia kramar Erik.** *(Sofia hugs Erik.)*

   S   V   O   S   V   O

You often find the **subject** by asking questions like: 'Who/What is doing something?' In the first example above the answer would be '**Erik.**' You can find the **object** by asking 'Who/what did Erik hug?' that is, who/what is the person/thing which *receives* the action? In this case the answer would be **Sofia**.

L Put the words in order to make complete sentences.

1 **en bok / Lisa/ läser** *Lisa läser en bok.*

2 **äter/ mat/ Bill** _____

3 **Eva/ ett mejl/ skriver** _____

4 **studerar/ svenska/ jag** _____

5 **dansar/ Erik/ tango** _____

6 **sitter / på / jag / stolen** _____

7 **äter / äpplen / Tove / aldrig** _____

Reading

M Read the first part of the email from Monika to her friend Pernilla describing her typical day now that she has moved to Stockholm and started her new job. Then answer in Swedish this question: Vad har Monika för yrke?

Från	Monika
Till:	Pernilla
Subjekt:	Mitt nya liv!

Hej Pernilla,

Jag vill berätta för dig om mitt nya liv! *(I want to tell you about my new life!)*

Jag äter frukost klockan sju och läser nyheterna på internet. Sedan åker jag bil till en nationalpark och fotograferar. Jag är naturfotograf.

en nyhet	*a piece of news*
tyst	*silent*
fortsätter	*continue*
djur	*animal*

N Now read the rest of the text and answer in Swedish the questions which follow by checking *Ja (yes)* or *Nej (no)*.

Jag fotograferar djur och natur varje vardag mellan nio och fem. Jag sitter ofta tyst och väntar på djur. Jag har mycket tålamod. Klockan tolv äter jag lunch i bilen. Jag äter två ostsmörgåsar och dricker kaffe. Sedan fortsätter jag att vänta på djuren. På kvällen läser jag ofta fototidningar. Jag tittar på filmer också. Jag tycker om skräckfilmer. Ibland går jag ut och dansar. Då lämnar jag kameran hemma.

Hälsningar, *(greetings)*

Monika

	Ja	Nej
1 Äter Monika frukost halv sju?		
2 Läser Monika en tidning på morgonen?		
3 Fotograferar Monika på onsdagarna?		
4 Har Monika en bil?		
5 Äter Monika smörgås till lunch?		
6 Fotograferar Monika på kvällarna?		

 7 For some extra practice, try to find all the nouns in the text and determine their different functions in the sentences (subjects or objects). Think of *who/what* is **active** and *who/what* **receives the action**. Also think of which words are adverbs/parts of adverbs, i.e., answering the questions *how, where,* and *when*. For example the phrase **'varje vardag mellan fem och nio'** answers the question *'When?'.*

Vocabulary

Compound Words

Compound words are usually written in one word in Swedish, whereas in English they are often written as one or two words, or sometimes with a hyphen:

brandman / *fireman*   **söndagsskola** / *Sunday school*   **sophink** / *rubbish bin*

nittonhundratalsförfattare / *twentieth-century writers*

The last word in the compound determines if it is an **en-** or **ett-** word. For example:

en bok + **ett märke** = **ett bokmärke** *(a bookmark)*
en bok + **en hylla** = **en bokhylla** *(a book shelf)*

O **Write the Swedish compound words that best match the English. Use information from the text in Activities M and N, and do not forget en or ett.**

   1 *cheese sandwich* <u>*en ostsmörgås*</u>

   2 *horror film*_____

   3 *wildlife photographer*_____

   4 *national park* _____

   5 *photo magazine* _____

 P **Write your friend an email in Swedish and tell her or him what you do on a typical day (50-80 words).**

Self-check

Tick the box which matches your level of confidence.

   1 = very confident   2 = needs more practice   3 = not confident

Kryssa i rutan som passar in på dig.

   1 = **mycket säker**   2 = **behöver öva mer**   3 = **inte alls säker**

	1	2	3
Can use numbers to tell the time and understand prices.			
Can understand basic word order and word classes in Swedish.			
Can understand and use compound words.			
Can describe what happens in a typical day.			

Jag bor i Stockholm

I live in Stockholm

In this unit you will learn how to:

- ✔ Describe countries
- ✔ Understand correct word order within a text
- ✔ Use the clause adverbs inte *(not)*, aldrig *(never)*, and alltid *(always)*
- ✔ Ask and answer questions in Swedish

CEFR: Can produce simple mainly isolated phrases and sentences to describe where he lives and people he knows (people and places) (A1); Can use the most frequently occurring connectors to link simple sentences in order to tell a story or describe something as a simple list of points; (A2).

	Verb1	Subjekt	Satsadverb	Verb 2	Objekt	Sätt (hur?)	Plats (var?)	Tid (när?)
Jag	kan		inte	sjunga	ballader	vackert	i duschen	på morgonen.
(I cannot sing ballads beautifully in the shower in the morning.)								
På morgonen	kan	jag	inte	sjunga	ballader	vackert	i duschen.	
I duschen	kan	jag	inte	sjunga	ballader	vackert		på morgonen.
	Kan	du	inte	sjunga	ballader	vackert	i duschen	på morgonen?
Varför	kan	du	inte	sjunga	ballader	vackert	i duschen	på morgonen?
	Sjung		inte				i duschen!	

Meaning and usage

Word order – Main clauses

The clause is the smallest natural unit which can express an idea. If a sentence consists of only one clause, it is a **main clause**:

Jag förstår. *(I understand.)*

Two or more main clauses can be linked together by the conjunctions **och** *(and)*, **men** *(but)*, **för** *(because)* and **så** *(so)*. These two clauses can each be complete sentences on their own.

Rikard pratar. Lotta lysssnar. → Rikard pratar och Lotta lyssnar.

A **Link the two main clauses together by using** och, men, för **or** så.

1 Jag måste handla mat. Kylskåpet är tomt.

   Jag måste handla mat för kylskåpet är tomt.

2 Hon sitter och läser. Han lagar mat.

3 Jag är ledig i morgon. Jag kan sova länge.

4 Jag kan det här. Jag har studerat mycket.

5 Jag vill leta information på internet. Min dator fungerar inte.

6 Han börjar jobba klockan sju på morgonen. Han måste vakna tidigt.

The different kinds of main clauses

| 1 | Statements | Jag dricker apelsinjuice varje morgon. / Varje morgon dricker jag apelsinjuice. / Apelsinjuice dricker jag varje morgon. |

All main clauses that are not questions or commands belong to this category.

| 2 | Yes/no questions | Dricker du apelsinjuice? |

'Yes' or 'no' is enough as an answer to these questions.

| 3 | V- questions | Varför dricker du apelsinjuice? |

You cannot answer these questions with 'yes' or 'no'. You must give more information.

| 4 | Commands | Drick apelsinjuice! |

 A command is used chiefly in giving instructions. As in English, they may sound impolite, especially outside the family/close friends circle. When asking for something, we usually use yes/no questions instead: **Kan du öppna dörren? Vill du hjälpa mig lite?**

About word order in main clauses

Statements

In a statement the first verb (which in many cases is the only verb) always appears in the second position. The subject is often, but not at all always, first in a main clause. It is rather common to begin with, for example, a time expression instead of the subject. This is called *fronting* the time expression:

Jag studerar mycket idag. *(I study a lot today.)* → **Idag studerar jag mycket.** → *(Today I study a lot.)*

It is, in theory, possible to front any part of the sentence as in the table at the beginning of this unit. But you should avoid experimenting too much with fronting until you have reached a higher level of Swedish. However, in a sentence like the one below, all the following variants are possible in Swedish:

Vi köpte det här vinet i Frankrike. *(We bought this wine in France.)*

I Frankrike köpte vi det här vinet.

Det här vinet köpte vi i Frankrike.

Yes/No questions

Questions to which you can answer *yes* or *no* always start with the verb and the subject always comes directly after. If there are more elements, for example, object, place, time, in the question the word order is the same as in the statement:

Du studerar svenska på kvällarna. *(You study Swedish in the evenings.)*
subj.   verb   obj.   time

Now compare the statement above with the one below. Notice the word order for yes/no questions:

Studerar du svenska på kvällarna? *(Are you studying Swedish in the evenings?)*
verb   subj. obj.   time

B   Write the missing statements and yes/no questions.

Statements	*Yes/No* questions
1 Hon läser.	*Läser hon?*
2 *Vi studerar.*	**Studerar vi?**
3 Ulla bor i Göteborg.	Bor Ulla _____ bor?
4 De kommer i morgon.	**Kommer de i morgon?**
5 Klockan tolv börjar vi.	Börjar vi klockan tolv?
6 Nu börjar vi.	Börjar vi nu?
7 Han väntar på dig i morgon.	**Väntar han på dig i morgon?**

V- questions

V- questions always start with a question word/phrase like **Hur/Hur ofta** *(How/How often)*, **Vem** *(who)*, **Var** *(where)*, etc. The rest of the word order is the same as in the statement:

Var studerar du? *(Where do you study?)*

Vad studerar du? *(What do you study?)*

C Make *yes/no* and v- questions using the words that are given.

1 var / ett apotek / det / finns *Var finns det ett apotek* ?
2 bra svenska / din kompis / talar _____ ?
3 Katrin / vad / för / adress / har _____ ?
4 är / din lärare / från Sverige _____ ?
5 studerar / svenska / du / varför _____ ?
6 varje dag / du / läser / tidningen _____ ?

Commands

Commands always start with the verb, and are the only type of main clause where the subject can be omitted (both in English and Swedish): **Repetera mera!** *(Repeat more!)*

D **Match with the correct translation.**

1 Stäng dörren! *e*   **a** *Keep quiet!*
2 Släck lyset!   **b** *Call me tomorrow!*
3 Sätt på datorn! *f*   **c** *Turn the light off!*
4 Håll tyst! *a*   **d** *Return the book!*
5 Ring mig i morgon! *b*   **e** *Shut the door!*
6 Lämna tillbaka boken! *d* **f** *Turn on the computer!*

Changing the meaning of the main clause –'Inte' and other clause adverbs

The *clause adverb*, or **satsadverb,** comes after the first verb. Common adverbs of this kind are:

inte *(not)*	**förresten** *(by the way)*	**slutligen** *(finally)*
absolut *(certainly/absolutely)*	**gärna** *(gladly, with pleasure)*	**snart** *(soon)*
aldrig *(never)*	**ju** *(of course, as you know)*	**säkert** *(certainly)*
alltid *(always)*	**jämt** *(always)*	**sällan** *(seldom)*
alltså *(thus, in other words)*	**kanske** *(maybe)*	**troligen** *(probably)*
antagligen *(probably)*	**naturligtvis** *(naturally)*	**tyvärr** *(unfortunately)*
bara *(only)*	**nog** *(probably)*	**vanligen** *(usually)*
egentligen *(really, actually)*	**också** *(also)*	**verkligen** *(really)*
faktiskt *(in fact, actually)*	**ofta** *(often)*	**väl** *(I suppose)*
förstås *(of course)*	**redan** *(already)*	**äntligen** *(at last)*

Inte and other clause adverbs usually influence and change the meaning of the entire clause. Compare the meanings of the following main clauses:

Jag vill jobba idag.
(I want to work today.)

Jag vill inte jobba idag.

Jag vill gärna jobba idag.

Jag vill faktiskt jobba idag.

Jag vill förresten jobba idag.

Jag vill naturligtvis jobba idag

The list of common **satsadverb** is not meant to be memorized immediately. Try to remember to go back to it when you feel the need for it.

You might already have noticed that in English the above adverbs may go either before or after the first verb, while in Swedish they always go directly after the first verb. Compare: **Rikard åker aldrig buss.** *(Rikard never goes by bus.)* **Rikard ska troligen åka buss.** *(Rikard will probably go by bus.)*

E Make statements and v- questions using the words that are given.

1 hon / varför / kommer / inte ?

___Varför kommer hon inte___

2 bil / inte / har / jag

___Jag har inte bil___

3 öppen / inte / är / restaurangen

___Restaurangen är inte öppen___

4 öppen / inte / är / restaurangen / varför ?

___Varför är Restaurangen inte öppen___

5 vi / fotboll / inte / spelar

___Vi spelar inte fotboll___

6 ord / du / vilka /förstår / inte ?

___Vilka ord förstår du inte___

F Make *yes/no* questions and v- questions using the words that are given.

1 hon / varför / sällan / arbetar / på måndagar ?

_____

2 kommer / farfar / redan / varför / klockan sju ?

_____

3 går / du / på teater / ofta ?

_____

4 Alice / är / verkligen / 85 år ?

_____

5 på söndagarna / gör / vad / vanligen / du ?

_____

6 går / aldrig / du / varför / på bio ?

_____

G Using the verbs in the box and some of the common clause adverbials you have learnt, write sentences describing what you do and what you don't do in your free time.

dansar	läsertränar på gym	sover	promenerar
sjunger	fikar spelar gitarr	kör bil går på puben	lagar mat

Exempel:

På fritiden spelar jag ofta gitarr. / Jag spelar ofta gitarr på fritiden.

 Reading

H Read the beginning of a web page about Sweden. Then answer in Swedish this question: Varför bor majoriteten av svenskarna i södra Sverige?

www.webpagerealia.com

Sverige ligger i norra Europa. Från staden Kiruna i norr till Malmö i söder är det 1 850 kilometer, så det är ett långt land. I Malmö är sommaren ganska lång, men i Kiruna är den mycket kort. I Kiruna skiner solen 24 timmar om dygnet på sommaren, men på vintern är det mörkt och kallt. Den största delen av Sveriges 9,5 miljoner invånare bor i södra Sverige, för där finns de flesta jobben.

mörkt och kallt	_dark and cold_
invånare	_inhabitant_
valuta	_currency_
folkrik	_populous, densely populated_
makt	_power_

I **Now read the rest of the web page and answer in Swedish the questions that follow.**

◄ | ►   **www.webpagerealia.com**

Sverige är en del av Europa. Sverige är medlem i EU, men valutan är kronor, inte euro. Sverige är inte medlem i NATO. Sverige tillsammans med Danmark, Finland, Island och Norge kallar man Norden. Sverige är det största landet i Norden och det är också Nordens mest folkrika land.

Stockholm är Sveriges huvudstad. I Stockholmsområdet bor nästan två miljoner människor. I Drottningholms slott, utanför Stockholms centrum, bor kung Carl XVI Gustav och drottning Silvia. Sverige är alltså en monarki, men kungen har ingen makt. Han får inte arbeta med politik, men kungafamiljen representerar ofta Sverige utomlands. I Gamla Stan i Stockholm ligger parlamentet. Det heter Sveriges riksdag.

Sverige har en fantastisk och varierande natur. Det finns mer än 100 000 sjöar, många vattendrag och mycket skog. Cirka 10 % av Sveriges yta är vatten och mer än 50 % är skog. Kustlinjen är lång. I norr och i väster finns många berg, men i söder är landskapet ganska platt.

---

1 I vilket nordiskt land bor det flest människor?

_____

2 Var bor Sveriges kung och drottning?

_____

3 Arbetar Carl XVI Gustav med politik?

_____

4 Var ligger Sveriges riksdag?

_____

5 Hur många sjöar finns det i Sverige?

_____

6 Hur stor del av Sveriges yta är skog?

_____

7 Look for **och, men, för** and **så** in the long text (as shown in Activity H). Identify the examples where **och**, **men**, **för** or **så** link together two main clauses. State what else the conjunctions in the text are used for.

Vocabulary

Around Sweden

J   Match the words from the text with the correct translation.

1	de flesta	a	*currency*
2	medlem *-men*	b	*power*
3	valuta *-n*	c	*watercourse*
4	mest folkrikt	d	*the majority*
5	makt *-en*	e	*nature*
6	sjö *-n*	f	*lake*
7	vattendrag *-et*	g	*mountain*
8	skog *-en*	h	*most densely populated*
9	berg *-et*	i	*member*
10	landskap *-et*	j	*forest*

> *Try to make flash cards with new words in Swedish on one side and the English translation on the other side. Study them and try to go through them without reading the English.*

K   Look at the words *finns, ligger* and *är* **in activities H and I and make sure you understand how they are used. As you can see, these words are sometimes used in a somewhat different way compared with English. Try to complete the sentences below with** *finns, ligger* **or** *är*.

Stockholm _____ (1) Sveriges huvudstad och där _____ (2) det många gator och torg. Stockholm _____ (3) i sydöstra Sverige. Drottningholm _____ (4) utanför Stockholms centrum. Det _____ (5) kungens och drottningens bostad. Där _____ (6) det också en stor park.

L   Choose the best words to complete the sentences.

1   Oslo är Norges _____. I centrum bor mer än 600 000 invånare.

   a storstad   b andra stad   c huvudstad

2   Ett _____ är exakt 24 timmar.

   a dag   b dygn   c klocka

3   Norges natur är vacker med många _____ berg.

   a fantastiskt   b varierande   c platt

4   Finland har en president men ingen kung eller drottning. Landet är alltså inte en _____ .

   a republik   b monarki   c makt

5   Danmarks högsta _____ är bara cirka 170 meter över havet.

   a sjö   b skog   c berg

M For each group of words, identify the odd one out.

   1 berg, sjö, makt, skog

   2 Danmark, Tyskland, Island, Norge

   3 Malmö, Kiruna, Oslo, Gamla Stan

   4 drottning, valuta, kung, prinsessa

   5 majoriteten, många, de flesta, den största delen av

Writing

N Write a text in Swedish about a country you know well. Use the text about Sweden (Activities H and I) as a model (40-70 words).

Self-check

Tick the box which matches your level of confidence.

   1 = very confident   2 = needs more practice   3 = not confident

Kryssa i rutan som passar in på dig.

   1 = **mycket säker**   2 = **behöver öva mer**   3 = **inte alls säker**

	1	2	3
Describing countries.			
When reading, word order does not interfere with my understanding of the meaning of texts.			
Using the clause adverbs **inte**, **aldrig**, and **alltid**.			
Asking and answering questions in Swedish.			

Jag kan prata svenska

I can speak Swedish

In this unit you will learn how to:

✓ Express ability and necessity

✓ Describe daily routines

✓ Use auxiliary verbs

CEFR: Can describe daily routines (A1); Can ask and answer questions about personal details (A1); Can write short, simple notes and messages relating to matters in areas of immediate needs (A2).

Meaning and usage

Present tense and infinitives

The position of the verb in statements, questions and commands was described in the previous unit. Verbs take different forms depending on when someone *does something* or when *something happens.* This change of form is called *tense* **(tempus).**

In Swedish, the **present** tense is used …

1   … to describe something that is happening now: **Jag jobbar som sekreterare.**
    (I work as a secretary.)

2   … to talk about the future: **Jag jobbar i morgon.** *(I work tomorrow.)*

3   … for **generalities**: **Jag gillar att jobba.** *(I like working.)*

Swedish **infinitives** are used …

1   … after verbs like **kan, vill, måste**: **Jag kan prata svenska.** *(I can speak Swedish.)*

2   … as a noun. It can for example be used as a subject without being restricted by person or number:

    Att sjunga är kul. *(Singing is fun. [literally 'to sing'])*
      s   v

Swedish has no continuous form (*ing*-form) of the verb; it only has one simple form of the present which is used to translate both the simple and continuous forms in English: **Vi studerar nu.** *(We are studying now.)* **Vi studerar varje dag.** *(We study every day.)*

Imperative sentences are used chiefly in giving instructions, advice and the like:

Jag är trött. Vad ska jag göra?	*(I am tired. What am I to do?)*
Drick en kopp kaffe!	*(Why don't you have a cup of coffee?)*

Forming the present tense, infinitives and imperative verbs

In Swedish, we categorize verbs into four different groups. Notice how the verbs below are separated by group and use some different patterns.

A **Do you notice any patterns in the verb chart below? Try to fill in the gaps with the missing verb forms.**

Verb groups:	Imperativ	Presens	Infinitiv
	(= stem)	(+r/+er)	(+a)
1	prata	pratar	prata
2A	stäng	stänger	2
2B	läs	1	läsa
3	tro	tror	tro
4	drick	dricker	dricka
(irregular)	var	är	vara

B **Based on the chart above, try to complete the chart below with the correct verb forms.**

Verb groups:	Imperativ	Presens	Infinitiv
1	tala		
2A	behöv		
2B	sök		
3	bo		
4	sitt		

Here are some guidelines to forming the present tense in Swedish:

Groups 1 and 3: Add -r to the verb stem (which in Swedish is the imperative form).

Groups 2A, 2B, and 4: Add -er (this makes it easier to pronounce).

The infinitive is formed by taking the stem (imperative) and adding -a, except when a verb is only one syllable and ends in a stressed vowel (see verb group 3 in the table above). For example, **bo, må, tro.** In group 1, the stem already ends in -a, so you don't need to add it again.

 Swedish has the advantage of having only one verb form for all persons, singular and plural. For example: **Jag förstår. Hon förstår. De förstår.** *When you learn English you have to remember to add -s to the third person singular in the present tense, for example 'She understands'. In a way, learning the present tense of Swedish verbs is a bit easier than learning English ones!*

Using auxiliary verbs

	Subjekt	Verb 1	Subjekt	Satsadverb	Verb 2
		Hjälpverb		Huvudverb	
	Vi	behöver		inte	betala.
	Ni	vill		naturligtvis	mejla.
	Du	måste		alltid	städa.
	Han	får		inte	röka.
Varför		kan	du	aldrig	diska?
När		kan	de		komma?
Nästa vecka		kan	vi	inte	studera.
		Måste	du	verkligen	sjunga?
		Får	du	aldrig	sova?

A number of verbs are never used alone. These are called *auxiliary verbs,* or *helping verbs* (**hjälpverb**). These verbs 'help' change the meaning of the sentence. The verbs that they go together with are called *main verbs* (**huvudverb**). An auxiliary verb is always in present or past tense and goes before a main verb. In a clause with an auxiliary verb, the main verb is always in the infinitive form:

hjälpverb
|
Jag kan prata engelska och svenska. *(I can speak English and Swedish.)*
|
huvudverb

C Here are some common hjälpverb **in the present form. Try to find the correct English translations.**

Auxiliary verbs are very common, so it pays to learn them as quickly as possible.

1 kan _____

2 vill_____

3 måste _____

4 behöver _____

5 **brukar** *be in the habit of/ usually (do something)*

6 får _____

D   Look again at the chart in Activity B. How can you change this statement into a question? Where does the hjälpverb go?

Du kan prata svenska → _____?

E   Complete the text below by adding the present or infinitive form of the given verb. The form given is the imperative.

En vanlig morgon

(arbeta, undervisa)   Ylva _arbetar_ på universitetet. Hon _____ (1)
i svenska. Här är en vanlig morgon i Ylvas liv:

(vakna, stig, duscha)   Hon brukar _____ (2) klockan sex, och fem över sex
_____ (3) hon upp. Sedan brukar hon _____ (4)
Efter duschen,

(klä, ät)   _____ (5) hon på sig. Sedan _____ (6) hon
frukost och dricker kaffe med mjölk. Hon är mycket,
mycket trött.

(gå, promenera)   Klockan sju måste hon _____ (7) hemifrån. Hon
_____ (8) till universitetet. Det tar cirka 50 minuter.
Efter promenaden är Ylva pigg.

F   Use the text above as a model and imagine you are writing a blog post about how an ideal morning in your life would be (40–50 words).

G   Change the sentences below by adding the given auxiliary verbs.

1   Viveka spelar flöjt. (kan) _Viveka kan spela flöjt._

2   Jag studerar svenska. (vill) _____

3   Vi kommer försent. (får inte) _____

4   Martin vaknar tidigt. (behöver inte) _____

5   Talar du svenska? (kan)_____

6   Nu somnar jag. (måste)_____

7   Jag jobbar på lördagar. (brukar) _____

H   Complete with a suitable auxiliary. Choose between: behöver, brukar, kan, måste, vill.

1   En lärare _____ alltid komma i tid till lektionen.

2   _____ du hjälpa mig med en sak?

3   I morgon _____ jag vakna klockan sju.

4   Varför _____ du inte komma hem till mig ikväll?

5   Hur ofta _____ du gå på teater?

Short answers (kortsvar)

A *yes/no* question can be answered with just *'Yes'* or *'No'*: – **Förstår du?** –**Ja./Nej.** But in both Swedish and English, it is common to add a short phrase to these answers. In Swedish, if the question includes an auxiliary verb (e.g., **får, kan, måste, vill**) or the verbs **har** or **är**, you repeat them in the answer. Otherwise you use the verb **gör**:

Studerar du svenska? *(Are you studying Swedish?)*	**Ja, det gör jag.** *(Yes, I do.)*
Arbetar Anna nu? *(Is Anna working now?)*	**Nej, det gör hon inte.** *(No, she doesn't.)*
Är du gift? *(Are you married?)*	**Nej, det är jag inte.** *(No, I'm not.)*
Har du barn? *(Do you have children?)*	**Ja, det har jag.** *(Yes, I have.)*
Kan ni förstå svenska? *(Can you understand Swedish?)*	**Ja, det kan vi.** *(Yes, we can.)*
Får jag röka här? *(Can I smoke here?)*	**Nej, det får du inte.** *(No you can't.)*

I   **Answer the questions below using short answers.**

1 Ska du åka till Malmö?   Ja, *det ska jag.* _____

2 Är ni hemma i kväll?   Nej, _____ .

3 Får vi parkera här?   Ja, _____ .

4 Måste Anna jobba hela dagen?   Ja, _____ .

5 Behöver du repetera det här?   Nej, _____ .

 Reading

Here are some words from the text you are about to read.

får (auxiliary verb)	*is allowed to*
timme	*hour*
stiger upp	*get up*
helg	*weekend*

K Read the paragraph below and then answer in Swedish this question: Vad får Tor göra mer än en timme om dagen?

Görans och Annelis son, Tor, är 11 år. Han får inte <u>dricka</u> öl och vin och han får inte <u>vara</u> ute sent på kvällen. Han får <u>spela</u> dataspel, men bara en timme om dagen. Han får <u>lyssna</u> på musik, men inte mer än två timmar om dagen och först måste han <u>göra</u> läxorna.

L Now read the rest of the text and decide whether the statements that follow are true, false, or if the information is not in the text.

Tor måste vara snäll mot sina föräldrar och han får inte svära. Han måste gå hem direkt efter skolan, och han måste städa sitt rum varje fredag. Varje dag måste Tor bädda sängen och hänga upp kläderna. Ibland måste han dammsuga.

Men Tor behöver inte laga mat och diska. Det gör alltid hans pappa. Dessutom behöver han inte tvätta kläder och stryka, för det brukar Anneli göra. Göran handlar alltid maten till hela familjen, så det behöver Tor inte göra. På vardagarna måste han stiga upp tidigt, men på helgerna får han ligga och sova länge. Han kan ofta gå på bio, för Tors mamma ger honom pengar.

På semestern åker familjen till Gotland. Där bor de på vandrarhem. På vandrarhemmet finns ett gemensamt kök, men där äter de bara frukost. Lunch och middag äter de på restaurang. Tor är lycklig för han behöver inte bädda och städa sitt rum på semestern.

	Rätt	Fel	Det kan man inte veta
1 Tor svär mycket.			
2 Tor får spela dataspel varje dag.			
3 Tor får lyssna på musik och göra läxorna på samma gång.			
4 Tors pappa lagar alltid mat och diskar.			
5 Tors pappa brukar gå på bio tillsammans med Tor.			
6 Tors mamma brukar duka fram frukosten i köket på vandrarhemmet.			

7 For some extra practice why not try the following? Find all the verbs in infinitive in the long text above (such as the underlined words in Activity K). Try to find examples where the auxiliary goes before more than one main verb. Why is this possible?

The Swedish word **semester** *(holiday) is what we call a false friend, a word that appears to be an obvious translation from English when in reality its meaning is completely different. Try to search on the Internet for lists of Swedish false friends.*

Vocabulary

Housework and chores

M Here are some Swedish words for the chores you might do around the house. Fill in the gaps with the missing translations. For more help, try looking at the Reading text.

1 **bäddar sängen** *make the bed*

2 **dammsuger** _____

3 **diskar** _____

4 **lagar mat** *make/prepare food*

5 **stryker** _____

6 **städar** _____

7 **tvättar** *kläder* *wash clothes*

N What housework do you prefer to do at home? Make a list with the phrases below, starting with the chores you like the most and ending with the chores you least prefer.

bäddar sängen, dammsuger, diskar, lagar mat, stryker, städar, tvättar kläder

O Complete the sentences below with a word from the Reading text. Notice that the number of letters in the correct word is provided on the line.

1 *S e n* är motsats *(opposite)* till tidig.

2 __ __ __ __ __ är motsats till elak.

3 Måndag, tisdag, onsdag, torsdag och fredag är __ __ __ __ __ __ __ __ __.

4 Göran lagar mat och __ __ __ __ __ __.

5 Sällan är motsats till __ __ __ __.

6 På morgonen äter man __ __ __ __ __ __ __.

7 Man behöver ett strykjärn när man ska __ __ __ __ __ __.

P Complete the sentences with the appropriate word from the box.

aldrig	föräldrar	gemensamt
kläder	lycklig	stiga

 You make many mistakes when you are studying a foreign language. That is OK as long as you are learning. **'Man lär sig av misstagen'** *is a Swedish proverb.*

1 Tors *föräldrar* heter Göran och Anneli.

2 På lördagar och söndagar behöver Tor inte _____ upp tidigt.

3 Jag brukar tvätta _____ en gång i veckan.

4 Sverige och Norge är olika länder men de har ganska mycket _____ .

5 Idag är hon mycket _____, för hon ska gifta sig med en man som hon älskar.

6 Tor behöver _____ laga mat.

Writing

Q   Imagine you are moving in with your partner. Write a plan for how you will divide up or share the chores and housework (40–60 words).

Self-check

Tick the box which matches your level of confidence.

1 = very confident   2 = needs more practice   3 = not confident

Kryssa i rutan som passar in på dig.

1 = mycket säker   2 = behöver öva mer   3 = inte alls säker

	1	2	3
Expressing ability and necessity.			
Describing daily routines.			
Using auxiliary verbs.			

4 Saker i huset

Things around the house

In this unit you will learn how to:

✓ Describe things around your home

✓ Use plural nouns in Swedish

✓ Use indefinite and definite forms

✓ Talk about ownership or possession

✓ Use articles in Swedish

CEFR: Can write about everyday aspects of his environment (A2); Can describe what is in a home (B1)

Plural Predictability Chart

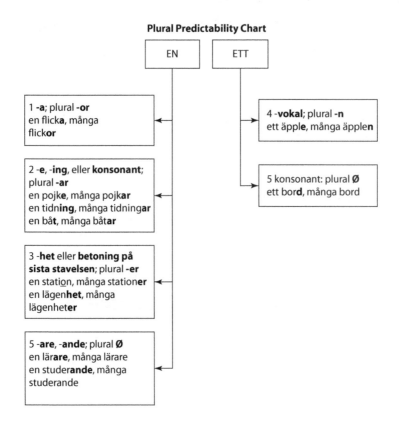

EN | ETT

1 -**a**; plural -**or**
en flick**a**, många flick**or**

2 -**e**, -**ing**, eller **konsonant**; plural -**ar**
en pojk**e**, många pojk**ar**
en tidn**ing**, många tidning**ar**
en bå**t**, många båt**ar**

3 -**het** eller **betoning på sista stavelsen**; plural -**er**
en stati<u>on</u>, många station**er**
en lägen**het**, många lägenhet**er**

5 -**are**, -**ande**; plural **Ø**
en lär**are**, många lärare
en studer**ande**, många studerande

4 -**vokal**; plural -**n**
ett äppl**e**, många äpple**n**

5 konsonant: plural **Ø**
ett bor**d**, många bord

Meaning and usage

Nouns

Nouns (**substantiv**) are the biggest word class and they make up the core of phrases and sentences. Nouns are words or names for people, places, things, materials and abstract ideas:

people → **flicka, pojke** *(girl, boy)*

animals → **katt, björn** *(cat, bear)*

things → **boll, motorcykel** *(ball, motorcycle)*

materials → **vatten, trä** *(water, wood)*

abstract ideas →**kärlek, skönhet** *(love, beauty)*

A **Look at the sentences below. What is the subject? What is the object? Label the underlined words with *S* (subject) or *O* (object).**

          S   O

1 *Studenterna* skriver *en text*.

2 *Flickan* dricker mycket *kaffe*.

3 *Mamman och pappan* har *ett problem*.

4 *Pojken* äter *frukost*.

Nouns can play different roles in a sentence. When the noun is the person or the thing that is active in the sentence it is called the *subject*: **Katten jamar.** *(The cat is mewing.)* A subject can include more than one noun:

Björnen och igelkotten **sover på vintern.** *(The bear and the hedgehog sleep during the winter.)*
     subject

Nouns can also be the *object* in the sentence, that is, someone or something which is affected by what the subject is doing, like the mouse in this example: **Katten jagar musen.** *(The cat is chasing the mouse.)* An object can include more than one noun:

Jag älskar hallon och glass. *(I love raspberries with ice cream.)*
        object

We can also use nouns as part of an adverb in a sentence:

Han skrattar på ett konstigt sätt. → **ett sätt** = noun *(He laughs in a strange way.)*
        adverb

(Question: *How* is he laughing? Answer: in a strange way [=adverb])

Han skrattar i köket. → **ett kök** = noun *(He laughs in the kitchen.)*
       adverb

(Question: *Where* is he laughing? Answer: in the kitchen [=adverb])

Han skrattar på fredagarna. → **en fredag** = noun *(He laughs on Fridays.)*
       adverb

(Question: *When* is he laughing? Answer: on Fridays [=adverb])

B Using the chart at the beginning of this unit, fill in the gaps with the missing singular and plural forms below.

Singular	Plural	Singular	Plural
en vecka			timmar
ett kök		en skola	
	rum		dataspel

Forming plural nouns

Nouns have singular and plural forms. In English most nouns end in **-s** in the plural. In Swedish there are five different plural endings that depend on the noun's singular form and whether it is an **en-** or **ett-**word.

Jag köpte två gurkor, fyra lökar, fem bananer, sex äpplen och fem päron.
(I bought two cucumbers, four onions, five bananas, six apples and five pears.)

The following guidelines will help to predict many of the plural endings:

En words:

1 En-words that end in *-a* drop the *-a* and add *-or*: **en gurka** → **två gurkor**

2 Many short **en-**words add *-ar* in the plural. This is also true for **en-**words ending *with -e, -dom* and *-ing*:

en lök → två lökar *(onions)*; en pojke → två pojkar *(boys)*; en sjukdom → två sjukdomar *(diseases)*; en tvilling → två tvillingar *(twins)*

3 Many 'international' words like **station, tomat** and those ending *-het* add *-er*: **en banan** → **två bananer** *(bananas)*; **en lägenhet** → **två lägenheter** *(flats)*

Ett words:

4 Ett-words that end in a vowel in the singular add *-n*: **ett äpple** → **två äpplen**

Both en and ett words:

5 Some words have no plural ending. These are mainly **ett-**words that end in a consonant, but also **en-**words ending with *-are/-ande:* **ett päron** → **päron; en studerande** → **två studerande**

C Complete with the plural form of the following nouns.

1 en gata _____

2 en telefon _____

3 ett barn _____

4 ett ansikte _____

5 en timme _____

6 en bulle _____

7 en tavla _____

8 en fåtölj _____

It is important to know if a noun is an **en**-word or an **ett**-word since the form of modifying adjectives (adjectival agreement) and pronouns changes according to the gender of the noun. Unfortunately, you can only rarely tell from the noun which gender it belongs to. Therefore gender and the plural are best learned along with the word.

*Approximately 80% of Swedish nouns are **en**-words.*

*You can in many cases figure out which plural ending an **en** or an **ett** word should have by looking at the way the noun ends. However, since there are so many endings to choose between as well as many exceptions, it's easier to memorize the plural ending together with each new noun.*

Note that some Swedish nouns, as in English, cannot be counted: *milk, silver, plastic, meat,* etc. Uncountable nouns do not have plural forms and do not take the indefinite article *(a milk),* but they can take the definite form:

Jag köpte *mjölk* i affären. Jag behövde *mjölken* för jag tänkte göra en smoothie.

(I bought milk in the shop. I needed the milk because I was going to make a smoothie.)

When you compare languages, proverbs can be special cases. Even though some proverbs exist in both English and Swedish, the grammatical forms may differ. For example: **Kärleken är blind.** *(Love is blind.) Can you think of any other proverbs in both languages? Try to think about how the grammatical forms are similar or different between English and Swedish.*

Using indefinite and definite forms

In Unit 1, you learned about **en** and **ett** words in Swedish. You also learned a little bit about the definite forms. The choice between the *indefinite article* (**obestämd artikel**)**, en** or **ett,** and the *definite article* (**bestämd artikel**)**, mjölken** *(the milk)* etc., usually follows the same rules in English and Swedish. The indefinite form is used for something unknown to the listener or reader, and the definite form is used for something that is known: **Filip äger en bil och en cykel. Bilen är grön och cykeln är svart.** *(Filip owns a car and a bicycle. The car is green and the bicycle is black.)*

D   En or ett? To make the definite form you need to know if the noun is en or ett. Put the nouns below under the appropriate heading.

lärare	barn	radio	restaurang	språk
hamburgare	papper	universitet	buss	

En-nouns	Ett-nouns
lärare	*barn*

Forming definite nouns (singular and plural)

In Swedish, the equivalent of *the* is added as an ending to the noun, not a separate word: *the train* →
tåget

Here are the rules for adding definite endings to nouns:

	Singular		
	obestämd form *(indefinite form)*	**bestämd form** *(definite form)*	
en-words	en familj	familj*en*	Add **-en** after a consonant.
	en klocka	klocka*n*	Add **-n** after a vowel.
ett-words	ett jobb	jobb*et*	Add **-et** after a consonant.
	ett äpple	äppl*et*	Add **-t** after a vowel.

E   Add the indefinite or the definite form singular of the noun in brackets.

1 (klocka) Hur mycket är *klockan*?

2 (klocka) Min syster har en röd _____ .

3 (paus) Vad gör du efter _____ ?

4 (barn) Ser du _____ under soffan?

5 (distanskurs) Jag läser svenska på en _____ .

6 (kurs) När börjar _____ ?

In Swedish, nouns also take a definite plural form. For example:

en flicka → **flickan** *(the girl)* → **flickarna** *(the girls)*

	Plural		
	obestämd form *(indefinite form)*	**bestämd form** *(definite form)*	
en-words	familjer	familjer*na*	Add **-na** to the indefinite plural ending.
ett-words (ending in a singular consonant)	jobb	jobb*en*	Add **-en** to the indefinite plural ending.
ett words (ending in a singular vowel)	äpplen	äpplen*a*	Add **-a** to the indefinite plural ending.

F Complete the list with the correct word forms. The definite singular form is given.

Singular	Indefinite plural	Definite plural
1 klockan *en klocka*	*klockor*	*klockorna*
2 tidningen _____	_____	_____
3 polisen _____	_____	_____
4 paketet _____	_____	_____
5 äpplet _____	_____	_____
6 läraren _____	_____	_____

G Write the correct form of the noun (singular or plural, definite or indefinite).

Familjen Andersson bor i en stor *villa* (villa) i Jönköping._____ (villa) har fem _____ (rum) och ett stort _____ (kök). Pappa i _____ (familj) heter Anders och mamma heter Helena. De har tre _____ (barn). I _____ (kök) finns det ett _____ (matbord) och sex _____ (stol). _____ (matbord) är svart och _____ (stol) är vita.

H Match the Swedish sentences with the correct English translation.

1 **Det här är Lenas cykel.** *The future of the bicycle is bright.*

2 **Cykelns ägare är Lena.** *This is the bicycle of the future.*

It is a good idea to use a dictionary which gives the forms for nouns, adjectives and verbs. Online you can find a useful Swedish-Swedish dictionary here: http://lexin2.nada.kth.se/lexin/

3 **Det här är framtidens cykel.** *This is Lena's bike.*

4 **Cykelns framtid är ljus.** *The owner of the bike is Lena.*

Possessive nouns

Possession (*genitive*) is expressed by adding an **-s** (without an apostrophe) to the different forms of a noun or to a name. Note that the noun which is owned or possessed never takes definite form:

✗ **Kennets bilen är blå.**

✓ **Kennets bil är blå.** (*Kennet's car is blue.*)

The English possessive 'of' often corresponds to the Swedish genitive **-s**:

→ **Islands huvudstad heter Reykjavik.**
(*The capital of Iceland is Reykjavik.*)

→ **Vi pratade om livets mening.**
(*We talked about the meaning of life.*)

*In these examples we are talking about something specific or definite: **Kennets bil, Islands huvudstad** and **livets mening.** The form of the noun after genitive is nevertheless always indefinite. Grammar and grammatical terminology are not always logical, and an indefinite form in some cases carrying a definite meaning is an example of this.*

I   Complete the sentences below. Use the possessive form of the first noun in each sentence.

1 Marika / cykel   *Det är Marikas cykel.*

2 Mona / katt   Det är _____

3 Portugal / huvudstad   *Portugals huvudstad är Lissabon.*

4 Sverige / huvudstad _____

J   Change the phrases below using the possessive form.

1 Receptionen på hotellet   *Hotellets reception*

2 Kungen av Sverige._____

3 Ekonomin i Skottland. _____

4 Taket på huset_____

5 Presidenten i Ryssland _____

flyttar	*move*
hyr	*rent*
bär	*carry*
bredvid	*beside*

 # Reading

K   Read the blog post and then answer in Swedish this question. Hur stor är Almas och Oskars nya lägenhet?

Daily Blog

Vid Stora Torget i Karlstad ligger ett bostadshus för pensionärer. Alma och Oskar flyttar in där idag. De ska bo i en lägenhet på två rum och kök. Almas möbler och andra saker kommer i en flyttbil som deras två barn, Petra och Tomas har hyrt.

L Now read the rest of the blog post and answer in Swedish the questions which follow.

> ### Daily Blog
>
> I flyttbilen finns det till exempel kläder, böcker, porslin, bestick, grytor, en stekpanna, en dator, fem tavlor, fyra taklampor, en spegel, en soffa, ett soffbord, två fåtöljer, ett matbord, sex stolar, flera mattor, en bokhylla och två sängar.
>
> Petra parkerar flyttbilen utanför huset. Först bär hon och Tomas upp två fåtöljer. Oskar är trött. Han sätter sig i en av fåtöljerna, men Alma är pigg. Hon lägger en matta framför fåtöljerna. Sedan ställer hon soffbordet på mattan. Soffan ställer hon vid fönstret och bredvid soffan ställer hon en golvlampa.
>
> Petra och Tomas ställer sängarna i sovrummet. Sedan hänger Tomas upp taklamporna i köket, vardagsrummet och sovrummet. Oskar dricker en kopp kaffe och sedan blir han pigg. Han hänger in kläderna i garderoben och ställer böckerna i bokhyllan. När allt är klart bjuder Alma och Oskar sina barn på restaurang.

1 Hur många taklampor finns det i flyttbilen?

2 Varför sätter sig Oskar i fåtöljen?

3 Vad gör Alma när Oskar vilar?

4 Var ställer Alma golvlampan?

5 Vad gör Tomas när de har ställt sängarna i sovrummet?

6 Vad gör Oskar när han har druckit kaffe?

Vocabulary

Items around the house

M Complete the missing English translations for things found in the home. Look at the blog post in Activities K and L for help.

Möbler och annat som finns i ett hem	Furniture and other things at home
bestick -et Ø	cutlery
bokhylla -n bokhyllor	1 _____
dator -n -er	computer
fåtölj -en -er	armchair
garderob -en -er	2 _____
gryta -n -or	pot, casserole
kök -et Ø	kitchen
matbord -et Ø	3 _____
matta -n mattor	carpet
möbel -n möbler	a piece of furniture
porslin -et	china
soffa -n soffor	4 _____
soffbord -et Ø	coffee table
sovrum -met Ø	bedroom
spegel -n speglar	mirror
stol -en -ar	chair
stekpanna -n -or	5 _____
säng -en -ar	bed
taklampa -n -or	ceiling lamp
tavla -n -or	painting
vardagsrum -met Ø	living room

 N   Which Swedish words from the list in Activity M would you put in your vardagsrum, kök and sovrum respectively? Add the furniture to the list.

Vardagsrum	Kök	Sovrum
soffbord	stekpanna	stol

O Write a list of things you would like to buy for your home if you could afford it, or if the space allowed for it. Use the vocabulary list and also a dictionary.

One way to quickly learn the names of the things around your home is to stick labels to them. Write the words in Swedish for drawer, mirror, switch, etc., (and don't forget definite and plural forms) on a sticky-note and stick it to those same objects. Whenever you look at each object, you will begin to associate it with the Swedish word.

P Write the forms of the nouns that are missing in the table and the English translation.

	Singular		Plural		
Obestämd form	Bestämd form	Obestämd form	Bestämd form	English	
flyttbil	flyttbilen	flyttbilar	flyttbilarna	*moving truck*	
bostadshus			bostadshusen		
		pensionären	pensionärerna		
		lägenheter	lägenheterna		
sak			sakerna		
barn	barnet				
	restaurangen		restaurangerna		

Q Choose the words that best complete the sentences below.

1 Tomas hänger *en lampa* i taket i köket.

   a porslin   b en lampa   c kaffekoppen

2 Petra lägger en matta på golvet i _____.

   a vardagsrummen   b sovrummet   c köken

3 Alma ställer _____ mellan fönstret och fåtöljen.

   a mattan   b taklampan   c bokhyllan

4 Oskar ställer _____ vid sin säng i sovrummet.

   a en matta   b ett köksbord   c en stol

5 De två _____ står mitt i vardagsrummet.

   a fåtöljerna   b taklamporna   c garderoberna

6 Oskar hänger alla _____ i vardagsrummet.

   a lamporna   b garderoberna   c tavlorna

You have probably noticed that there are several words in Swedish which mean put, e.g., **ställer** and **lägger**. In Swedish we distinguish between things that 'stand up' like an armchair and things that 'lie down' like a carpet: **Jag ställer fåtöljen i hörnet.** (I put the armchair in the corner.) **Jag lägger mattan på golvet.** (I put the carpet on the floor.) Try to be observant when you see or listen to these words in context. You will learn more about these words in Unit 7.

R Identify the odd one out.

1 byrå, glasögon, stol, skrivbord

2 sovrum, hall, kök, tak

3 pensionär, barn, hund, föräldrar

4 kamera, porslin, bestick, grytor

5 trött, kaffe, pigg, glad

Writing

S Imagine a relative from Luleå is coming to stay with you for some time. You don't know each other so well. Your relative would like to know if she needs to buy anything for the room. She is wondering if there are sheets, for example. She would also like to know if she could cook meals in your kitchen. Write an email and tell your relative about the things in your home (50–80 words).

Self-check

Tick the box which matches your level of confidence.

1 = very confident   2 = needs more practice   3 = not confident

Kryssa i rutan som passar in på dig.

1 = mycket säker   2 = behöver öva mer   3 = inte alls säker

	1	2	3
Describing what's in my home.			
Using plural forms.			
Using definite and indefinite forms.			
Talking about ownership or possession.			
Using articles in Swedish.			

5 En gammal lärare

An old teacher

In this unit you will learn how to:

✓ Describe an object's appearance and qualities

✓ Describe a person's personality or appearance

✓ Describe the furniture around a home

✓ Describe yourself in an online dating profile

✓ Read a description of a place

CEFR: Can describe the setup of a place (e.g., a home) (A2); Can describe a person's appearance and personality (A2); Can write a follow-up note to someone (A2); Can write about everyday aspects of his environment (A2); Can use the most frequently occurring connectors to link simple sentences in order to describe something (A2).

Meaning and usage

Adjectives

An adjective describes a quality in a person or a thing. An adjective can either go together with the noun – **en gammal lärare** *(an old teacher)* – or after the verbs **är** and **blir: Läraren är gammal.** *(The teacher is old.)* **Barnet blir hungrigt klockan åtta.** *(The baby gets hungry at eight o' clock.)*

An adjective can also describe the quality of a verb or another adjective. **Det är otroligt kallt i dag.** *(It's incredibly cold today.)* **De pratar högt.** *(They speak loudly.)*

 In most grammar books the adjective is called an **adverb** *when it describes verbs and adjectives. The Swedish Academy, however, recommends the term* **adjective** *also in this usage, and says that the traditional usage of the term* **adverb** *is due to our heritage from Latin grammar. As a language learner of Swedish you just need to remember to add a* **-t** *to adjectives describing verbs and other adjectives. A strong general recommendation is not to worry too much about terminology as long as you understand the examples and explanations.*

Adjectives can also be used to compare things: **Stockholm är _större_ än Uppsala.** *(Stockholm is bigger than Uppsala.)* **Lotta är _yngst_ i familjen.** *(Lotta is the youngest in the family.)*

For more information on comparisons in Swedish, see Unit 17.

Adjective forms

	Indefinite form	Definite form	T-form (function as an adverb)
en-words	-	+a	+t
ett-words	+t	+a	+t
plural	+a	+a	+t

A Complete the chart below with the different forms of the adjective.

	Indefinite form	Definite form	T-form (function as an adverb)
en-words			roligt
ett-words		roliga	
plural	roliga		roligt

Indefinite adjectives (singular and plural):

Adjectives change their forms depending on whether they modify **en-** or **ett-** words and singular or plural words. As in English, they precede the noun. If the adjective qualifies a verb or another adjective, a **-t** is always added.

	Adjective	Noun	Indefinite forms	
en	svensk	tidning	→ adj. (basic form)	*(a Swedish newspaper)*
ett	svenskt	hus	→ adj. + t	*(a Swedish house)*
många	svenska	bilar	→ adj. + a	*(many Swedish cars)*

After the verbs **är** or **blir**, the adjective always takes **indefinite form**:

En tidning är rysk. / Tidningen är rysk.	→ adj. (basic form)	*(One newspaper is Russian. / The newspaper is Russian.)*
Ett hus är dansk<u>t</u>. / Huset är danskt.	→ adj. + t	*(One house is Danish. / The house is Danish.)*
Fyra båtar är rysk<u>a</u>. / Båtarna är ryska.	→ adj. + a	*(Four boats are Russian. / The boats are Russian.)*

 *The names of cities, countries, islands and mountains are **ett**-nouns; however, an adjective which qualifies or describes them changes to the t-form: **London är stor<u>t</u>.** (London is big.) **Sverige är fantastisk<u>t</u>.** (Sweden is fantastic.) Infinitives are also treated like **ett**-nouns: **Att repetera är viktig<u>t</u>.** (It's important to repeat.)*

B Complete the sentences by choosing the correct form of the adjective in brackets.

1 Alma och Oskar har ett *stort* matbord i köket. (stor)

2 I framtiden vill jag bo i en _____ stad i norra Finland. (lugn)

3 Är den här stolen _____? (ledig)

4 Svenskarna älskar _____ teve-serier. (brittisk)

5 Det är _____ från Malmö till Kiruna. (lång)

6 Det finns många _____ sommarstugor i Sverige. (röd)

Definite adjective forms (singular and plural)

Definite article	Adjective	Noun	Definite form	
den	svensk<u>a</u>	tidningen	→ adj. + **a**	*(the Swedish newspaper)*
det	svensk<u>a</u>	huset	→ adj. + **a**	*(the Swedish house)*
de	svensk<u>a</u>	tidningarna	→ adj. + **a**	*(the Swedish newspapers)*

 C Match with the appropriate translation from the box.

dirty	ill	rich	poor	smart	happy	kind	good/capable/fine
fat	strong	lazy	angry	diligent	sick	cheap	

1 lat _____

2 rik _____

3 flitig _____

4 smutsig _____

5 snäll _____

6 stark _____

7 glad _____

8 duktig _____

9 smart _____

10 sjuk _____

11 arg _____

12 tjock _____

13 billig _____

14 fattig _____

D **Complete the sentences with one of the adjectives from the box. Change the form if necessary.**

lat	duktig	rik	smart	flitig	sjuk	smutsig
arg	snäll	tjock	stark	billig	glad	

1 Den *smarta* pojken studerar mycket.

2 Det _____ barnet vill ha mat. Han är inte glad.

3 De _____ poliserna hjälper oss mycket.

4 Det _____ kaffet smakar inte bra.

5 Den _____ kvinnan bor på Sheraton.

6 De _____ patienterna väntar på operation.

Irregular adjectives

Most adjectives have the regular forms which are explained above. There are nevertheless a few irregularities in common adjectives:

Indefinite form	Indefinite form	Plural	
en-words	**ett**-words	definite form	English
bra	bra	bra	
kul	kul	kul	
svart	svart	svarta	
ny	nytt	nya	
kort	kort	korta	
hård	hårt	hårda	
röd	rött	röda	
vacker	vackert	vackra	
enkel	enkelt	enkla	
gammal	gammalt	gamla	

E **Insert the English translation to the adjectives above. Choose between:** *beautiful, black, fun, good, hard, red, short, new, old* **and** *simple*.

As you can see from the table above, two common adjectives do not change forms: **kul** and **bra**. All adjectives that end in an unstressed vowel also do not change forms, for example: **rosa** *(pink)*. These adjectives are especially easy to use since you do not have to worry about the forms:

ett *rosa* hus
en *rosa* blomma
de *rosa* blommor

F   Complete the sentences by choosing the correct form of the adjective in brackets.

1 Jag har kastat de _____ kläderna. (gammal)

2 Har du några _____ fotografier i mobilkameran? (vacker)

3 Jag ska köpa en _____ klänning till festen. (svart)

4 Svensk grammatik är _____. (enkel)

5 Läraren ställde många _____ frågor. (bra)

6 Hon köpte ett _____ nagellack. (röd)

The adjective **liten** changes its form a little differently from other adjectives:

	Indefinite form	Definite form
en-words	liten	lilla
ett-words	litet	lilla
plural	små	små

G   Complete the sentences by choosing the correct form of liten.

Malin har en _____ (1) lägenhet i det _____ (2) bostadshuset vid parken. I köket har hon ett _____ (3) bord och två _____ (4) stolar. Varje morgon sitter Malin i det _____ (5) köket och äter _____ (6) smörgåsar.

Describing yourself and other people

Beskriv hur du eller någon annan ser ut och din/hennes/hans personlighet.
(Describe what you or someone else look like and your/her/his personality.)

H   Which adjectives below best describe you? Make a list.

Jag är … / ganska …	Jag har …
mager / smal / kraftig / tjock.	kort / halvlångt / långt hår.
kort / medellång / lång.	lockigt / halvlockigt / rakt hår.
söt / vacker.	blont / brunt / mellanblont / rött/ mörkt hår.
trevlig / otrevlig / öppen / reserverad.	ett smalt / ovalt / runt ansikte.
glad / pigg / rolig / humoristisk.	skägg / mustasch / polisonger.
deppig / ledsen / blyg / snäll	glasögon / piercing / tatueringar

I   Find an adjective or noun which means the following.

1 *curly*	_____	7 *side-whiskers*	_____
2 *fat*	_____	8 *beautiful*	_____
3 *kind*	_____	9 *unpleasant, nasty*	_____
4 *pretty*	_____	10 *thin, skinny*	_____
5 *beard*	_____	11 *shy*	_____
6 *sad*	_____	12 *funny*	_____

J   Write an ad for an online dating site. Use the words listed in Activity H and describe yourself or the type of person you are interested in with as much detail as possible (40–70 words).

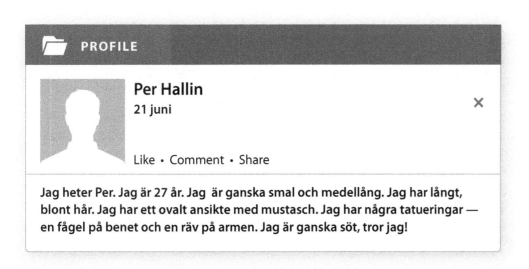

📁 **PROFILE**

Per Hallin
21 juni   ✕

Like · Comment · Share

Jag heter Per. Jag är 27 år. Jag är ganska smal och medellång. Jag har långt, blont hår. Jag har ett ovalt ansikte med mustasch. Jag har några tatueringar — en fågel på benet och en räv på armen. Jag är ganska söt, tror jag!

 # Reading

K Read the paragraph below and then answer in Swedish this question:
Hur stor lägenhet har Lena?

Marita, Lena och Erik är <u>goda</u> vänner. Alla tre bor i den <u>traditionsrika</u> studentstaden Uppsala, men de bor inte tillsammans. Marita bor i en <u>stor</u> etta i ett område som heter Eriksberg. Lena har en <u>fin</u> tvåa i centrum och Erik bor i ett <u>litet</u> studentrum i Flogsta.

tillsammans	*together*
område	*district, area*
krukväxt	*plant*
kvadratmeter	*square meter*

L Now read the rest of the text and answer in Swedish the questions which follow.

Så här ser Eriks lägenhet ut: Erik har ett stort vitt matbord och fem gula stolar i det ganska stora köket. De gula stolarna står runt matbordet. På golvet ligger en kort smal matta. Mattan är vit- och gulrandig. Det finns en modern spis i köket och en gammal kyl och frys. I det stora vardagsrummet finns en liten sovalkov. Där har Erik en smal säng. Det finns en bekväm soffa och många bokhyllor i vardagsrummet.

Så här ser Lenas lägenhet ut: Lena har ett litet grönt bord i köket och två svarta stolar. I sovrummet har Lena en bred säng och en brun liten byrå. På golvet ligger en mjuk matta. I vardagsrummet har Lena många vackra krukväxter i de stora fönstren. På golvet ligger en persisk matta och på väggarna hänger dyrbara tavlor av kända konstnärer. Det finns också en bekväm hörnsoffa och ett elegant soffbord.

Så här ser Tovas studentrum ut: Tovas rum är bara 20 kvadratmeter. Där finns en obekväm gammal säng och ett litet skrivbord. På golvet finns en äcklig gammal matta. Det är svårt att se mattan för det ligger många böcker och mycket smutsiga kläder på golvet. Tova tycker inte om att städa, så skrivbordet är smutsigt och Tovas lilla bokhylla är dammig.

1 Vad är det för färg på Eriks köksstolar?

_____

2 Erik har inget sovrum, så var sover han?

_____

3 Vilka möbler finns i Lenas sovrum?

_____

4 Vem har målat Lenas tavlor?

_____

5 Hur kan man se att Tova inte tycker om att städa?

_____

6 Varför är det svårt att se Tovas matta?

_____

7 For some extra practice why not try the following? Highlight all adjectives in the long text above (such as the underlined words in Activity K). Are there adjectives that you do not understand? What is your strategy when you read a new text and come upon words that you do not understand?

Vocabulary

Describing people

M Write the opposite of the following adjectives from the text. Write the basic form.

1 ful   _fin_

2 stor   ____

3 bred   ____

4 hård   ____

5 värdelös ____

6 ren   ____

7 lång   ____

> Switch between easier and harder exercises. Later on, when you come back to the 'hard' ones, you will find them easier.

N Choose the words that best complete the sentences below.

1 Hon hade inte missat så mycket på provet, så hon är _____ nöjd med resultatet.

   a viktig   b ganska   c grönt

2 Jag har en elektrisk _____ med fyra kokplattor I köket.

   a spis   b kyl   c frys

3 Hon sätter upp ett draperi framför _____, så ser man inte sängen från vardagsrumssoffan.

   a köksdörren   b sovalkoven   c teven

4 Ett rum som är ovalt har inga _____.

   a mattor   b tavlor   c hörn

5 En person som är kreativ och målar tavlor är en _____.

   a konstnär   b artist   c regissör

6 Jag mår illa när jag luktar på blodpuddingen. Jag tycker att den är _____.

   a obekväm   b smutsig   c äcklig

O **For each group of words, identify the odd one out.**

1 gul, stor, vit, svart

2 kyl, frys, spis, matta

3 golv, stol, tak, vägg

4 bekväm, elegant, vacker, smutsig

Don't worry if no one is there to correct what you write. You learn from practising anyway. According to researchers, language teachers tend to correct too much, which leads to the language learner losing interest and self-confidence.

Writing

P **Imagine you are going to rent out your property. Marta Svensson, who is interested in renting, has sent you an email. She wants you to describe your home in detail. Write a reply to Marta describing your home (50–80 words).**

Self-check

Tick the box which matches your level of confidence.

1 = very confident   2 = needs more practice   3 = not confident

Kryssa i rutan som passar in på dig.

1 = mycket säker   2 = behöver öva mer   3 = inte alls säker

	1	2	3
Describing an object's appearance and qualities in Swedish.			
Describing a person's personality or appearance.			
Describing what's in your home and where the furniture is placed.			
Describing oneself in an online dating profile.			
Understanding a description of a place.			

6

Hon lär sig svenska

She is learning Swedish

In this unit you will learn how to:

- ✓ Describe everyday habits and routines
- ✓ Ask and answer information questions
- ✓ Describe things people own and possess

CEFR: Can describe everyday activities (A2); Can understand short, simple texts containing the highest frequency vocabulary (A2); Can write a very simple, personal letter (A2).

jag
vi honom
mig
han
du henne oss **dem** **man**
dig hon ni de den det
er

en sitt
min **dina** **vårt** era
mitt ditt hans sina deras
mina din hennes vår
sin våra **er** sig

Meaning and usage

Pronouns

 A **Choose a pronoun which could replace the underlined names in the following text. Choose between** *hon, han, den, det, de.*

Sverige är ett fantastiskt land. *Det* (=Sverige) ligger i norra Europa. Sveriges största sjö heter Vänern. _____ (=Vänern) ligger i sydvästra Sverige. Greta Garbo är ett känt svenskt namn. _____ (= Greta Garbo) bodde i Hollywood en period av sitt liv. Björn Borg är svensk. _____ (= Björn Borg) var en duktig tennisspelare. ABBA bestod av Anni-Frid, Agneta, Benny och Björn. _____ (=Anni-Frid, Agneta, Benny och Björn) är kända i hela världen.

A **personal pronoun** is a word that often replaces a name: **Fredrik lyssnar.** / *Han* **lyssnar.**

A personal pronoun can also replace any noun: **Fredrik läser en bra bok.** *Den* **handlar om kärlek.**

Using pronouns saves time and makes what we say or write less repetitive.

If we use names, the word order is what makes us understand, for example, who hits whom in this example: **Lena slår Anna.** *(Lena hits Anna.)*

If we feel unsure about who is active (=subject) we can replace one of the names with a pronoun. This is because the pronoun shows a difference between the subject and the object:

Lena slår *henne*. *Hon* slår Anna → *Anna is being hit* = the object = ***henne***.
Lena is hitting = the subject = ***hon***.

1 **Personal pronouns** can act as **subjects**:

 Jag **läser.** *(I am reading.)*   *Du* **skriver.** *(You are writing.)*

 Or as **objects**:

 Kalle tittar på *mig*. *(Kalle is looking at me.)*

 Anna talar med *dig*. *(Anna is speaking with you.)*

2 Since the verb does not change its form to agree with the subject, just like in English, you must always use a noun or a personal pronoun with a verb.

 Jag talar svenska. *(I speak Swedish.)*

 Du talar svenska. *(You speak Swedish.)*

 Vi talar svenska. *(We speak Swedish.)*

3 The pronoun **det** *(it)* can function as an 'empty' subject which does not refer to anything specific. It can, for example, be used before verbs that describe the weather: *Det* **regnar.** *(It is raining.) Det* **är varmt.** *(It is warm.)*

4 The pronoun **ni** can be used as a polite form of address to one person, but it is not very common to do so nowadays in Sweden. **Ni** is always used, however, when you speak to more than one person.

 Ni är från England. *(You are from England.)*

5 In Swedish, the object forms of the personal pronouns are the same as **reflexive pronouns**, except in the third person singular and plural. The reflective pronoun shows that the object is the same person or thing as the subject:

 Jag tvättar mig. *(I wash myself.)*   **Du tvättar dig.**   **Hon tvättar sig.**

 In the third person singular and plural, there is a special reflexive form, **sig**. This form corresponds in English to *'himself', 'herself'* and *'themselves'*.

Forming sentences with pronouns

Personal pronouns: subject and object forms

Subject		Object		Reflexive	
jag	*I*	mig (mej)	*me*	mig	*myself*
du	*You*	dig (dej)	*you*	dig	*yourself*
hon	*She*	henne	*her*	sig (sej)	*herself*
han	*He*	honom	*him*	sig	*himself*
den	*it* (**en**-words)	den	*it*	sig	*itself*
det	*it* (**ett**-words)	det	*it*	sig	*itself*
vi	*We*	oss	*us*	oss	*ourselves*
ni	*You*	er	*you*	er	*yourselves*
de (dom)	*They*	dem (dom)	*them*	sig	*themselves*

 Mej (mig), dej (dig), sej (sig) *and* **dom (de/dem)** *is the way most Swedes pronounce these pronouns. Nowadays you often find them spelt like this in written Swedish, for example in text messages and chat rooms.*

B Complete the sentences with the correct pronoun (not reflexive).

1 Farfar är så ensam. Jag ska ringa till _____ i kväll.

2 _____ har fest i kväll. Ni är välkomna hem till oss.

3 Jag skriver med en ny penna. _____ är svart.

4 Maja är sjuk. Jag måste hälsa på _____ .

5 Vi har inga pengar. _____ är slut.

6 Fönstren är smutsiga. Jag måste putsa _____ .

7 De behöver er hjälp. _____ kan väl ringa dem?

8 Karin gillar hundar. _____ ska få en i present.

You may remember that the words **den/det/de** can have another function – as a definite article preceding the **a**-form of an adjective:

den svenska tidningen / det svenska huset / de svenska tidningarna *(the Swedish newspaper / the Swedish house / the Swedish newspapers)*

Don't worry about mixing them up. When you see **den/det/de** in context, you will understand their function.

Reflexive pronouns

C   Match with the correct translation from the box.

> *She combs herself. / He combs himself. / They comb themselves. / I comb myself. / You comb yourselves. / We comb ourselves. / You comb yourself.*

Singular:

Jag kammar *mig*.   *I comb myself.*   **Du kammar *dig*.**   1 _____

Hon kammar *sig*.   2 _____   **Han kammar *sig*.**   3 _____

Plural:

Vi kammar *oss*.   4_____   **Ni kammar *er*.**   5_____

De kammar *sig*.   6_____

Many Swedish verbs which use a reflexive pronoun correspond to English verbs which are not reflexive, or where the reflexive pronoun may be left out. For example, in Swedish, we say **Jag lär mig**, but in English we say *I learn*.

D   Here is a list of common Swedish reflexive verbs. Insert the correct translation. You can choose from the words in the box below.

get dressed	*stand up*	*concentrate*	*comb*	*shave*
hurry	*sit down*	*marry*	*watch out*	*cut your hair*
wash	*go to bed*	*learn*	*put on make-up*	*decide*
wipe (oneself)				

1 aktar sig	_____	9 bestämmer sig	_____
2 gifter sig	_____	10 kammar sig	_____
3 klipper sig	_____	11 klär på sig	_____
4 koncentrerar sig	_____	12 lägger sig	_____
5 lär sig	_____	13 rakar sig	_____
6 sminkar sig	_____	14 skyndar sig	_____
7 ställer sig	_____	15 sätter sig	_____
8 torkar sig	_____	16 tvättar sig	_____

E   Complete each sentence with a reflexive pronoun.

1   Nina och Eva! Akta _____ för hunden! Den kan vara farlig.

2   Magnus rakar _____ varje morgon.

3   Katter lägger _____ ofta på varma och mjuka platser.

4   Vi lär _____ franska nu, för vi ska flytta till Frankrike.

5   Du måste klippa _____ Jag kan inte se dina ögon.

F Complete the sentences with a reflexive verb from Activity D and the correct reflexive pronoun.

1 Jag _____ alltid om händerna innan jag äter middag.

2 Min farfar promenerar mycket. Ibland blir han trött. Då måste han
_____ på en bänk.

3 Det är mycket trafik. Ni måste _____ för bilarna.

4 Jag är trött. Jag _____ och vilar en stund.

5 Vi ska flytta till Sverige, så vi behöver _____ svenska.

6 Jag har svårt att _____ när det inte är tyst.

Meaning and usage

Possessive pronouns

G Fill in the gaps with *min, mina* **or** *hennes.*

Camilla Läckberg skriver kriminalromaner. En av *hennes* böcker heter *Isprinsessan*. Den boken finns i
_____(1) bokhylla. Jag tycker inte om den._____(2) favoritförfattare är Barbara Cartland och
August Strindberg.

1 Personal pronouns sometimes show ownership, or someone who possesses something. These
forms are called **possessiva pronomen** *(possessive pronouns).* In the example below the possessive
pronoun **hennes** can be used instead of '**Ylvas syster**':

Ylvas syster bor i Tumba. / Hennes syster bor i Tumba.
(Ylva's sister lives in Tumba. / Her sister lives in Tumba.)

2 When the third person possessive pronoun refers to **the subject of the same clause, sin/sitt/sina** is
used:

Maria älskar sin man.   *(Maria loves her husband.)*

Maria älskar hennes man. *(Maria loves her [= someone else's] husband.)*

Hasse matar sin katt.   *(Hasse feeds his cat.)*

Hasse matar hans katt.
(Hasse feeds [= someone else's] his cat.)

> *Most languages, including English, have no
> pronouns corresponding to the Swedish **sin, sitt,
> sina**. If you feel unsure about the usage of these
> pronouns you can try inserting 'own' after his,
> her and their. If that is possible, you must use **sin,
> sitt, sina** in Swedish: She is dancing with **her
> own** husband. → **Hon dansar med sin man.***

Possessive pronouns – forms

	En-words	Ett-words	Plural	Reflexive (never as a part of the subject)		
(jag)	min *(my/mine)*	mitt	mina	min	mitt	mina
(du)	din *(your/s)*	ditt	dina	din	ditt	dina
(hon)	hennes *(her/s)*	hennes	hennes	sin	sitt	sina
(han)	hans *(his)*	hans	hans	sin	sitt	sina
(den/det)	dess *(its)*	dess	dess	sin	sitt	sina
(vi)	vår *(our/s)*	vårt	våra	vår	vårt	våra
(ni)	er *(your/s)*	ert	era	er	ert	era
(de)	deras *(their/s)*	deras	deras	sin	sitt	sina

*The possessive form of **den** and **det** is **dess**. For various reasons, **dess** is not used very much. The idea is usually expressed in a different way:* **Jag kan se en hund.** *(I can see a dog.)* **Dess päls är brun.** *(Its coat is brown.)* *Preferably, you would say:* **Den har brun päls.** *(It has a brown coat.)*

H Complete the sentences with the words given.

1 Jag /en lägenhet / dyr   *Min lägenhet är dyr.*

2 Han / en cykel / gul _____

3 Vi / en villa / stor _____

4 De / kompisar / trevliga _____

5 Du / en bror / snygg _____

6 Ni / föräldrar / unga _____

7 Hon / lärare / snäll_____

I Complete the sentences with the correct possessive pronoun.

1 Gunilla, vad heter *din* dotter?

2 Helena vill göra slut med ___ pojkvän.

3 Hur ofta träffar du ___ föräldrar?

4 Mikael och ___ fru väntar barn.

5 ___ mamma är världens bästa mamma!

6 Tycker ni om ___ bil?

7 Vi gillar ___ sommarhus.

8 De reparerar ___ lägenhet, så de kan inte bo där den här veckan.

One difference between the use of the possessive pronouns in Swedish and English is that with parts of the body, clothing and other things such as personal belongings, Swedish uses the definite article, not the possessive pronoun:

Hon har handen i fickan. *(She has her hand in her pocket.)*

Har du bilen med dig? *(Have you got your car with you?)*

Meaning and usage

Interrogative pronouns (question words)

J **Match with the correct translation.**

Where do you study Swedish?   *Why do you study Swedish?*

Who studies Swedish?   *When do you study Swedish?*

1 **Varför studerar du svenska?** _____

2 **När studerar du svenska?** _____

3 **Var studerar du svenska?** _____

4 **Vem studerar svenska?** _____

Interrogative pronouns are question words that ask information questions (i.e., questions you cannot answer with 'yes' or 'no'. Interrogative pronouns represent the thing that we do not know (what we are asking about).

Interrogative pronouns	
Vem *(who/ whom)*	**Vem träffade de igår?** *(Who/Whom did they meet yesterday?)*
Vems *(whose)*	**Vems cykel är det här?** *(Whose bicycle is this?)*
Vad *(what)*	**Vad gör du?** *(What are you doing?)*
Var *(where)*	**Var bor du?** *(Where do you live?)*
Vart *(where [to])*	**Vart går den här bussen?** *(Where does this bus go?)*
Varifrån *(where … from)*	**Varifrån kommer hon?** *(Where does she come from?)*
När *(when)*	**När började du studera svenska?** *(When did you start studying Swedish?)*
Varför *(why)*	**Varför gillar du Sverige?** *(Why do you like Sweden?)*
Hur *(how)*	**Hur kommer jag härifrån till centrum?** *(How do I get from here to the centre?)*

K **Complete the conversations with the correct interrogative pronouns.**

> **1** _____ **bil vill du låna, min eller Gretas?**

> **– Jag vill låna din.**

2 _____ ligger Luleå?

– Det ligger vid kusten i norra Sverige.

3 _____ mycket kostar tidningen?

– Den kostar 30 kronor.

4 _____ åker du till Norge?

– Jag åker den 3 oktober.

5 _____ ska du åka på semester?

– Till Marocko.

6 _____ vill du inte gå på bio i kväll?

– Därför att jag är trött.

'Varför studerar du svenska?' *(Why are you studying Swedish?)* **'Därför att jag är intresserad av nordisk design.'** *(Because I am interested in Nordic design.)* **Därför att** *is used in the answer to a question beginning with* **varför**. *The use of* **därför att** *is explained more in Unit 10.*

 **Reading**

L Read the paragraph and then answer this question in Swedish:
Vill Monika att Axel ska komma till Kanada?

Axels flickvän, Monika, är i Toronto, i Kanada just nu.
Han tänker ofta på henne. De chattar med varandra
flera gånger varje dag och ibland pratar de på Internet.
Varje dag frågar Monika om Axel vill komma och hälsa
på henne. Snart tänker Axel bestämma sig för att åka.
Han måste fråga sin mamma om han kan låna lite
pengar av henne.

flickvän	*girlfriend*
varandra	*each other*
snart	*soon*
tvåspråkig	*bilingual*

M Now read the rest of the text and answer the questions that follow in Swedish.

I Kanada studerar Monika historia på universitetet i Toronto. Hon trivs med sina kurser. Hennes
kurskompisar är trevliga. Monika går ofta på bio och på fester tillsammans med dem. Och ibland
studerar de tillsammans i universitetsbiblioteket. Varje lördag brukar Monika gå på restaurang
med sin favoritkompis, Pablo. Monika vill inte berätta för Axel, att hon umgås med en kille. Hon
tror att Axel kanske blir svartsjuk.

Pablo studerar också historia. Han är född i Toronto. Hans föräldrar emigrerade från Chile
till Kanada på 1970-talet. Pablo bor hemma hos sina föräldrar. De pratar alltid spanska med
varandra, så Pablo är tvåspråkig. Nu vill han lära sig svenska också. Pablo älskar sina föräldrar,
men han drömmer om att flytta hemifrån. Han drömmer om att gifta sig med Monika.

Nu är det lördag och Monika och Pablo träffas på restaurangen.

'Ska jag bära din väska?' frågar Pablo.

'Nej tack, den är inte så tung', svarar Monika. 'Mina böcker ligger hemma på skrivbordet.'

'Varför ligger dina böcker hemma på skrivbordet? Kommer du inte från biblioteket nu?'

'Nej, jag kommer hemifrån. Jag har pratat med min pojkvän på Internet', skrattar Monika.

'Vad! Har du en pojkvän? Varför har du inte berättat för mig om honom?'
frågar Pablo.

1 Vad studerar Monika för ämne?

_____

2 Vad brukar Monika göra tillsammans med sina kurskompisar?

_____

3 Vad talar Monikas favoritkompis för språk?

_____

4 Varifrån kommer Pablos mamma och pappa?

_____

5 Vad vill Pablo göra i framtiden?

_____

6 Varför är Monikas väska inte så tung?

_____

Now form questions to the answers given.

7 _____

Answer: **På 1970-talet.**

8 _____

Answer: **Flera gånger varje dag.**

9 _____

Answer: **I Toronto.**

 10 For some extra practice why not try the following? Identify which pronouns in Activities L and M are subject, object, possessive, reflexive, or interrogative. Check that you understand why and how the different pronouns are used. Then try to retell the text orally to yourself using as many pronouns as possible.

N Use interrogative pronouns to write four or five more questions about the text.

Vocabulary

 O **Match the Swedish verbs with the correct English translation.**

1 umgås	**a** *borrow*
2 trivs	**b** *meet (each other)*
3 hälsar på	**c** *dream*
4 bestämmer sig	**d** *be happy, feel at home*
5 lånar	**e** *visit*
6 drömmer	**f** *be together, socialize*
7 träffas	**g** *decide*

P **Complete the sentences below with the correct verb.**

1 Jag _____ bra i min hemstad, så jag tänker inte flytta.

   a umgås   **b** trivs   **c** träffas

2 Vill jag gå på bio eller på teater? Jag kan inte _____ mig.

   a prata   **b** bestämma   **c** akta

3 Varför kommer du aldrig och _____ hemma hos mig?

   a hälsar på   **b** trivs   **c** träffas

4 Min cykel är sönder, så jag måste _____ Rikards.

   a reparera   **b** berätta   **c** låna

5 Markus brukar _____ med sina vänner på puben.

   a träffas   **b** umgås   **c** trivs

Q **For each group of words, identify the odd one out.**

1 studerar, kurs, dag, universitet

2 föräldrar, pojkvän, mamma, pappa

3 historia, spanska, svenska, engelska

4 flickvän, pojkvän, partner, kompis

5 ibland, ofta, alltid, måste

> *When you learn new words, write sentences with them. This will help you remember them more easily. For example:* **umgås:** **På fritiden umgås jag mest med min flickvän.**

 Writing

R   Imagine you have the contact information for this book's author, Ylva Olausson. Write an email with many questions about Sweden and the author's private life. Use as many different types of pronouns as you can! (40–50 words)

Self-check

Tick the box which matches your level of confidence.

1 = very confident   2 = needs more practice   3 = not confident

Kryssa i rutan som passar in på dig.

1 = mycket säker   2 = behöver öva mer   3 = inte alls säker

	1	2	3
Describing everyday habits and routines.			
Asking and answering information questions.			
Describing things people own and possess.			

7 Kom hit nu!

Come here now!

In this unit you will learn how to:

- ✓ Describe a city and places within it
- ✓ Express position and direction
- ✓ Use adverbs of location and direction correctly
- ✓ Use a variety of Swedish prepositions correctly in context

CEFR: Can understand short, simple texts containing the highest frequency vocabulary, including a portion of shared international vocabulary items (A2); Can write simple connected text on topics which are familiar or of personal interest. (B1).

Prepositions – *i* or *på?*

'konkret'

på sängen

i sängen

Byggnader (buildings)	
I	**På**
i ett hus	på operan
i en affär	på bio
i en lägenhet	på teater
i en kyrka	på posten
i en villa	på banken
i en sommarstuga	på sjukhuset
går i skolan	på en verkstad
går i kyrkan	på ett kontor (arbetsplatser och institutioner)

Rum (rooms)	
i vardagsrummet	på toaletten
i hallen	
i köket	

Geografi (geography)	
i Sverige (countries)	på Storgatan (streets, roads)
i Stockholm (cities)	på torget (squares)
i Stalbo (villages)	på Madagaskar (islands)
i Skåne (regions, districts)	på Ben Nevis (mountains)
	på Rivieran (coasts)

Övrigt (other)	
i stan	på landet
i parken	på lekplatsen (alla platser)
i skogen	på kyrkogården
i trädgården	
ont (pain) i magen/i benet/i huvudet ...	

 When you walk into a house, a church, a hospital, etc., **in i** or **in på** is used in Swedish, depending on what building it is (see the tables above). **Brudparet <u>går in</u> i kyrkan.** (The bride and groom walk into the church.) **Han steg <u>in på</u> mitt kontor utan att knacka.** (He stepped into my office without knocking.)

The Swedish equivalent to 'out of' is always **ut ur**: **Han går <u>ut ur</u> affären/kontoret.** (He walks out of the shop/the office.)

Meaning and usage

Prepositions expressing position

På *(on)* is a preposition that is used for a position that is seen as a line or a *surface:* for example, a table: **Pennan ligger på bordet.** *(The pen is on the table.)*

I *(in)* is a preposition that is used for a position in something that is seen to have *volume*: **Vad har du i skåpet?** *(What have you got in the cupboard?)* As you can see from the table on the previous page, there are many exceptions to this rule.

Both **i** and **på** are very common prepositions that are used in many expressions of both place and time, as well as in a large number of idiomatic phrases. This unit focuses on **i** and **på** when they indicate place and position.

A Choose the correct preposition: *i* **or** *på*?

    1 Anneli har ont *i* **huvudet idag, så hon kan inte komma.**

    2 Han parkerade bilen _____ torget.

    3 Ligger Göteborg _____ västkusten?

    4 Gabriella och Åsa är på semester _____ Malta.

    5 Peters föräldrar bor _____ en liten by _____ norra Sverige.

    6 Hon parkerade bilen _____ parkeringsplatsen utanför IKEA.

Prepositions expressing direction

mot	**Tåget mot Malmö avgår klockan nio.** *(The train to[wards] Malmö leaves at nine.)*

från/till	**Annika reser från Umeå till Stockholm med tåg.** *(Annika goes from Umeå to Stockholm by train.)*

genom, över, längs   **Hon går genom Uppsalas centrum över bron och sedan längs Fyrisån.** *(She walks through Uppsala, over the bridge and then along Fyrisån [a river in Uppsala].)*

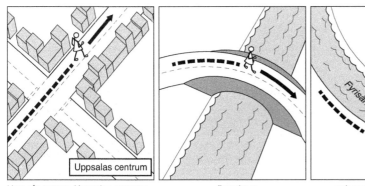

Hon går **genom** Uppsalas centrum...   ...**över** bron...   ...och sedan **längs** Fyrisån.

 Hos *is a Swedish preposition with no English equivalent. It is used with names of people or professions:* **Jag var** *hos* **tandläkaren igår.** *(I was at the dentist's yesterday.)* **Vi var** *hos* **Larsson's i lördags.** *(We were at the Larssons' last Saturday.) Essentially, this can be understood to mean at the home/place of someone or something.*

B   Complete the sentences with a preposition from the word box.

i	på	mot
från	till	genom
över	längs	hos

Han sitter _____ (1) köket och tittar ut _____ (2) fönstret. Sedan går han _____ (3) garaget och sätter sig _____ (4) bilen. Klockan fem måste han vara _____ (5) doktorn. Efter det ska han ta en promenad _____ (6) teatern. I morgon ska han åka bil _____ (7) kusten till en stad som heter Umeå.

Adverbs of place

Adverbs of place		
Var?	**Vart?**	**Varifrån?**
(place)	*(direction)*	*(from someplace)*
borta *(gone/away)*	**bort** *(away)*	**bortifrån** *(from away)*
där *(there)*	**dit** *(there)*	**därifrån** *(from there)*
här *(here)*	**hit** *(here)*	**härifrån** *(from here)*
framme *(there, at the front)*	**fram** *(forward, on)*	**framifrån** *(from the front)*
hemma *(home)*	**hem** *(home)*	**hemifrån** *(from home)*
inne *(in, inside)*	**in** *(in)*	**inifrån** *(from inside)*
nere *(down)*	**ner** *(down)*	**nerifrån** *(from below)*
uppe *(up)*	**upp** *(up)*	**uppifrån** *(from above)*
ute *(out, outside)*	**ut** *(out)*	**utifrån** *(from outside)*

Many Swedish adverbs of place have different forms depending on whether they express the idea of place or position vs. a movement towards or away from something.

 C Look at the paragraph below. Which of the underlined adverbs modify verbs expressing the idea of place or position? Which ones modify verbs which express a movement towards or away from something?

Jonny är 30 år. Han bor *hemma* hos sin mamma. Han jobbar *hemma* på Volvo. Han går alltid *hem* direkt efter jobbet. Jonnys mamma sitter inte *hemme* framför teven på kvällarna. Nej, hon brukar gå *hem* till sin pojkvän. Där sitter de ofta och pratar och dricker vin tillsammans.

Look at the table above. The words in the left column, **här, där,** etc., are used with verbs indicating a position, for example: **är, finns, stannar och ligger:**

Hur länge har du bott *här*? *(For how long have you been living here?)*

The words in other two colums, **hit, dit, bortifrån,** etc., are used with verbs indicating a movement, for example: **går, åker, reser, kommer:**

Jag ska åka *hem* klockan fem. *(I'm going home at 5 o'clock.)* **Brevet skickades *härifrån*.** *(The letter was sent from here.)*

In everyday Swedish, these different forms are very frequent, as in the following dialogue:

> **Hej! *Varifrån* sms:ar du?**
> *– Hi! Where are you texting (sms-ing) from?*

> **Jag är *nere* i källaren och tvättar. Var är du?**
> *– I'm down in the basement doing the laundry. Where are you?*

> **Jag är *ute* i trädgården. Jag ska snart gå *in* och dricka kaffe.**
> *– I'm out in the garden. I'm about to go inside for a cup of coffee.*

> **Jaha, kan du inte komma *hit* och hjälpa mig med tvätten?**
> *– OK, why don't you come here to help me with the laundry?*

D Choose the correct adverb.

1 (här/hit) Kom *hit* nu!

2 (hem/hemma) Nu vill jag gå _____.

3 (in/inne) Det är inte bra för hälsan att vara _____ hela dagarna.

4 (framme/fram) Vilken tid kommer tåget _____ till Stockholm?

5 (Var/Vart) _____ ska du åka på semester?

6 (ute/ut) Han sitter _____ i parken och läser en roman.

*Sometimes you may hear the verb being omitted, like in **Jag ska hem.** (I'm going home.) **Han ska till Örebro i morgon.** (He is going to Örebro tomorrow.) In these examples a movement is understood from the context.*

Expressing *put* in Swedish: är – **ligger** – sitter – **står**

The verbs **är, ligger, sitter** and **står** are very frequent together with expressions that indicate a position. **Är** can be used as in English:

Var är vinflaskan? *(Where is the wine bottle?)*

The use of the verbs **ligger, står** and **sitter** to describe the position of people and animals is the same in Swedish and English:

Katten sitter i soffan. *(The cat is sitting on the sofa.)*

Lena står utanför affären. *(Lena is standing outside the shop.)*

Emil ligger i sängen. *(Emil is lying in bed.)*

Swedish also uses **ligger, står** and **sitter** to describe the position of things. When doing so, try to think of how the object is situated in its location. Is it *standing, sitting,* or *lying*?

Mattan ligger på golvet. *(The carpet is [lying] on the floor.)*

Motorcykeln står på parkeringen. *(The motorcycle is [standing] in the parking lot.)*

Det sitter en affisch på väggen. *(There is a poster [sitting] on the wall.)*

E   Insert *ligger, står* **or** *sitter* **in the following sentences.**

Det _____ (1) **en karta på väggen i Eriks kök. På golvet** _____ (2) **en matta och framför fönstret** _____ (3) **ett bord.**

It is not entirely forbidden to say, for example **Flaskan *är* på bordet** *(The bottle is on the table)* instead of **Flaskan *står* på bordet,** but it is not the usual way of expressing it in Swedish.

Ligger is also used to express geographical position in the meaning 'is situated', for example about places, lakes and buildings:

→ **Ystad ligger i södra Sverige.** *(Ystad is [situated] in the south of Sweden.)*

→ **Barbros sommarstuga ligger vid sjön.** *(Barbro's summer cottage is [situated] by the lake.)*

→ **Spanien ligger i södra Europa.** *(Spain is [situated] in the south of Europe.)*

Ligger, står and **sitter** can be linked with **och** to another verb in the same tense, often translated into the ing-form in English:

→ **Läraren står och pratar.** *(The teacher is [standing] talking.)*

→ **Eleverna sitter och läser.** *(The pupils are [sitting] reading.)*

 *You say that a bottle **står** på bordet when its bottom is on the table and its neck is upward. You can also use the verb* **ligger** *about objects like this, but then you know they are not in their normal position:* **Flaskan *ligger* i soptunnan.** *(The bottle is [lying] in the garbage bin.)*

F   Complete the sentences with *ligger, sitter* or *står*. Remember to think about how an object is positioned in its location.

1   Var *står* mina skor? Jag hittar dem inte.

2   Ursäkta, vet du var stadsbiblioteket _____?

3   Det _____ ett meddelande på din dörr. Har du läst det?

4   Varför _____ den där whiskyflaskan på bordet?

5   Det _____ jättemånga kuddar i hennes soffa.

6   Schemat _____ på väggen ovanför hennes skrivbord.

7   Titta! En polis _____och tittar på vår bil.

8   Haparanda _____ på gränsen till Finland.

 Står *can be used in other contexts. Maybe you have already noticed the difference between Swedish and English when* **står** *is used in sentences like:* **Det *står* i tidningen att statsministern är sjuk.** *(It says in the newspaper that the Prime Minister is sick.)* **Vad *står* det på skylten?** *(What does the sign say?)*

G   Choose one word from each column and write correct sentences.

boken	står	i bussen
vasen	sitter	under stolen
katten	ligger	i flygplanet
hunden		på köksbordet
kaffekannan		på mattan
pojken		i badkaret
pennan		på golvet
piloten		på väggen
affischen		på sängen
bussföraren		i fönstret

Bussföraren sitter i bussen.

 # Reading

H Read the web article. Then match the phrases to make complete sentences.

 www.webpagerealia.com

Uppsala, Sveriges fjärde stad, ligger cirka sju mil norr om Stockholm och tre och en halv mil från Arlanda. Cirka 200 000 personer bor i Uppsala kommun. Fyrisån delar staden, som alltså ligger på båda sidor om ån. Domkyrkan låg först i Gamla Uppsala, men sedan 1270-talet står den i centrum av Uppsala med sina 119 meter höga torn. Ärkebiskopens vackra bostad ligger bredvid domkyrkan.

Uppsala universitet grundades 1477 och är äldst i Norden. Det finns cirka 40 000 studenter där, så studentlivet dominerar hela Uppsala. Många studenter och forskare sitter och studerar på universitetsbiblioteket hela dagarna, medan andra ligger och sover på dagarna och festar på nätterna. Uppsala är ungdomens stad!

1741 blev Carl von Linné professor vid Uppsala universitet. Han är känd som Linneaus i hela världen. Han var läkare, geolog, zoolog, och framför allt botaniker. Han gav namn till växter och djur. Linné gifte sig med Sara Lisa Moraea och de fick sju barn. Linné reste till många olika platser och han skrev alltid dagbok under sina resor. I Linnéträdgården i Uppsala kan du se många olika växter och dit kommer många turister. I trädgården finns också huset där Linné bodde.

mil	*10 kilometres (notice this is different from the English word 'mile').*
delar	*divide*
domkyrka	*cathedral*
ungdom	*youth*

I
1 Fyrisån är namnet   a nära domkyrkan.

2 Domkyrkan flyttade till Uppsala   b mer än 500 år gammalt.

3 I Linnéträdgården kan man   c känd långt utanför Sveriges gränser.

4 Carl von Linné är   d titta på olika växter.

5 Ärkebiskopen bor   e på ett vattendrag.

6 Uppsala universitet är   f på 1200-talet.

A Swedish **mil** *is ten kilometers. There are many stories about foreign visitors to Sweden having to change their plans, because the distance they planned to travel in Sweden was not what they originally thought when they started out.*

J For some extra practice highlight all prepositions that you find in the text. Do you understand the prepositions which have not been mentioned earlier in this unit for example *bredvid* and *under*? If not, try to understand their meaning and usage by drawing conclusions from the context.

Vocabulary

K Complete the crossword puzzle below with the correct Swedish translations. You can look back at the text in Activity H for clues.

Horisontell

2 divide (present tense)

5 archbishop

7 oldest

Vertikal

1 was founded

3 plant (n.)

4 tower

6 municipality

L Complete the sentences below with one of the words from the box. Change the form if necessary.

stad	alltså	sedan	resa	dagbok
festar	bredvid	framför	vacker	

1 Läraren står *framför* gruppen och pratar.

2 Uppsala är en mycket _____ stad.

3 Hur många _____ gjorde Linné utanför Sverige?

4 Jag började studera svenska för ett år _____ .

5 Min fru är kirurg. Hon är _____ expert på operationer.

6 Göteborg är en ganska stor _____ i sydvästra Sverige.

Writing

M Write a text about a city you know well. Describe where some of your favourite places are using as many prepositions as you can. You can use the article from Activity H as a model (40–60 words).

Self-check

Tick the box which matches your level of confidence.

   1 = very confident   2 = needs more practice   3 = not confident

Kryssa i rutan som passar in på dig.

   1 = mycket säker   2 = behöver öva mer   3 = inte alls säker

	1	2	3
Describing a city and places within it.			
Expressing position and direction.			
Using adverbs of location and direction correctly.			
Using a variety of Swedish prepositions correctly in context.			

Vad ska du göra?

What are you going to do?

In this unit you will learn how to:

- ✓ Describe present events and actions
- ✓ Describe future events and actions
- ✓ Describe future plans
- ✓ Describe events and actions that happened at different points in the past

CEFR: Can describe plans, arrangements, habits and routines, past activities and personal experiences (A2); Can understand the description of events (B1); Can write personal letters describing experiences and impressions (B1); Can write a description of an event – real or imaginary (B1).

Perfekt	Presens	Futurum
prior to NOW	NOW	after NOW
_____ ↔	_____ X	_____ ↔ _____ →
har öppnat	öppnar	öppnar i morgon kommer (att) öppna ska öppna

Meaning and usage

Verbs – the present system

 A **Indicate if the sentences below have present or future meaning by ticking the correct box.**

	Now	Future
1 Jag ringer i morgon.		
2 Monika och Rikard är gifta.		
3 Läraren pratar och eleverna lyssnar.		
4 På lördag åker jag till New York.		

Perfekt, presens and **futurum** expressions all stand in relation to *now*.

The **presens** is used:

▶ to describe something that is happening now: **Jag *öppnar* dörren nu.**
   (*I am opening the door now.*)
▶ to describe future events: **Han *öppnar* affären klockan 9:00 i morgon.**
   (*He is opening the business at 9:00 tomorrow.*)

The **perfekt** is used

▶ together with a time expression that has started before *now*. The action still continues *now*: **Jag *har ätit* två äpplen idag.** *(I have eaten two apples today.)*

▶ to describe something that has started before NOW and ended before *now*, when there is no definite end time; it is the *result* that is important, not the time: **Jag *har klippt* håret.** *(I had my hair cut.)*

Present time expressions

 B Here are some present time expressions in English. Write the English expressions next to the correct Swedish translation.

this week	*this month*	*this autumn*
my whole life	*this year*	*today*

1 i dag *today*

2 i år ___this year___

3 i hela mitt liv ___my whole life___

4 den här veckan ___this week___

5 den här månaden *this month*

6 den här hösten ___this autumn___

 Often the perfect tense has identical uses in English and Swedish; however, when the present result is emphasised rather than the action, Swedish often uses the perfect and English the past tense: **Vem *har skrivit* Millennium-trilogin?** *(Who wrote the Millennium trilogy?)* **Det *har* jag aldrig *tänkt* på.** *(I never thought of that.)*

Describing the future in Swedish

Just like in English, Swedish does not have a future tense. Instead, Swedish has several ways to show that something will happen in the future:

1 The present + a future time expression:

This is the most common way of describing the future in Swedish: **Jag *ringer* dig *i morgon*.** *(I will call you tomorrow.)*

2 **Ska** + the infinitive:

This is used when someone has *decided* or *planned* to do something that she/he is able to control or influence: **Jag *ska flytta* till Göteborg.** *(I am going to move to Gothenburg.)*

3 **Kommer (att)** + the infinitive:

This is used for a prediction or assumption that something will happen; something you normally *cannot control or influence*: **Du *kommer (att) klara* provet.** *(You will pass the test.)*

*You may have already noticed that **ska** can be used also in other contexts:* **Män *ska* inte gråta!** *(Men shouldn't cry!),* **Du *ska* inte tänka på det.** *(You should not think about that.)*

C **Complete the sentences with the best future form.**

1 Vänta! Jag kommer snart. Jag _____ dörren först.

   a låser bara   b kommer bara att låsa   c ska bara låsa

2 Du _____ Leif när du träffar honom. Han är supertrevlig.

   a gillar   b kommer att gilla   c ska gilla

3 Det _____ en ny tv-serie ikväll. Den får vi inte missa.

   a börjar   b kommer att börja   c ska börja

4 Jag kan inte bestämma mig nu. Jag _____ på saken.

   a tänker   b kommer att tänka   c ska tänka

5 Det _____ nyårsafton nästa vecka.

   a är   b kommer att vara   c ska vara

6 – Vad ska ni göra på semestern i sommar?

   – Vi _____ i norra Sverige.

   a cyklar   b kommer att cykla   c ska cykla

*When choosing between present tense or **ska** try to remember that **ska** usually expresses a considerable degree of intention. English speakers, influenced by the use of 'shall/will', tend to over-use the Swedish **ska**. And also remember that the Swedish **vill** means want and is never used for future tense.*

Future time expressions

 D Here are some future time expressions in English. Write the English expressions next to the correct Swedish translation.

tomorrow	*tomorrow morning*	*next month*
next Sunday	*next week*	*next year*

1 nästa vecka *next week*

2 på söndag

3 i morgon bitti

4 om en månad *nex*

5 nästa år *next*

6 nästa vecka *next week*

 Like all other languages, Swedish changes and develops. The reason why 'att' after **kommer** *is put in parentheses in the examples of describing the future is that right now there is a wavering between using 'att' and omitting it. At the moment, it seems as if* **kommer** *without 'att' is gaining ground. If this development continues,* **kommer** *without 'att' will be the only recommended alternative in the future.*

Remember that **perfekt**, **presens** and **futurum** expressions all stand in relation to *now*. Compare:

Jag gillar att du sminkar dig. *(I like that you are putting on make-up.)*
   now   now

Jag gillar att du har sminkat dig. *(I like that you have put on make-up.)*
   now   prior to now

Jag gillar att du ska sminka dig. *(I like that you are going to put on make-up.)*
   now   after now

How to form the perfect

Birgitta har badat. *(Birgitta has had a bath.)*

Jonny har rest utomlands. *(Jonny has gone abroad.)*

Embla har sprungit fem kilometer. *(Embla has run five kilometres.)*

Albin har varit sjuk. *(Albin has been ill.)*

E Look at the examples above and make correct sentences of the words below. Begin with the underlined word.

1 Exempel: förstått / *jag* / har / texten *Jag har förstått texten.*

2 ringt / mamma / *Eva* / har / till _____

3 en ny bil / köpt / *Vi* / har _____

4 har / reparerat / *Helena* / bilen _____

5 har / *De* / kaffe / druckit _____

As in English, the perfect tense is formed by using an auxiliary verb, **har** *(have)*. The main verb changes its form to what is called the **supinum** *(supine)*. The supine is formed by adding **-t** to the stem of regular verbs, except verbs in group 3. They add **-tt**: **trott**.

Group 4 (strong verbs) end with **-it.** Look at the chart below:

(For more about strong and irregular verbs, see Unit 13.)

	Imperativ	Supinum
	= (stem)	+ t
1	prata	pratat
2A	stäng	stängt
2B	läs	läst
3	tro	trott
4	drick	druckit
Irreg.	gör	gjort

The easiest way to make the different word forms is to use the stem, that is, the imperative. Remember that if you come across a verb in the present form, you can always make the imperative form by taking away the **r** in **ar** verbs (**startar →starta**) and the **er** in **er** verbs (**ringer → ring**).

F   Perfect, present or future? Choose the correct verb form.

1   Kimberly _____ flytande svenska nu.

   a har talat   b talar   c kommer att tala

2   Jag _____ till Eva två gånger idag, men hon svarar inte.

   a har ringt   b ringer   c ska ringa

3   Janne _____ på IKEA i fem år, men nu är han arbetslös.

   a har arbetat   b arbetar   c ska arbeta

4   Min bil är gammal. Jag _____ den och köpa en ny.

   a har sålt   b säljer   c ska sälja

5   Jag kan inte följa med på bio ikväll, för jag _____. Mina föräldrar kommer i morgon.

   a har städat   b städar   c ska städa

6   Ulrika och Anders _____ på puben varje fredag. Dagen efter mår de alltid dåligt.

   a har gått   b går   c kommer att gå

Talking about plans

G **Match the correct English translation to the Swedish questions below. Then write answers to the questions in Swedish in your own words.**

1 Vad gör du på kvällarna?

2 Vad gör du ikväll?

3 Vad har du gjort idag?

4 Vad har du för planer för helgen?

5 Vad har du gjort den här veckan? ⟳

a *What are your plans for the weekend?*

b *What do you do in the evenings?*

c *What have you been doing this week?*

d *What are you doing tonight?*

e *What have you done today?*

 H **Here are some present and future time expressions. Match the Swedish phrases with the correct English translation.**

1 i kväll ✓

2 i år ✓

3 i sommar ✓

4 just nu ✓

5 nästa vecka

6 om en månad

7 på måndag

8 i morgon bitti

9 i natt ✓

10 nästa år ✓

a *tomorrow morning*

b *next week* nästa vecka

c *tonight* i kväll

d *right now* just nu

e *next month*

f *next year* nästa år

g *this year* i år

h *this summer* i sommar

i *on Monday*

j *this evening* i natt

I **Using the verbs given in the imperative form and the time expressions from the list above, write sentences describing what an imagined friend of yours, Julia, is doing and has been doing today. Use the correct verb form.**

läs	titta på tv	spela dataspel
simma	sola	promenera
träna	res	vakna

Just nu sitter Julia och spelar dataspel.

 J **Imagine your life ten years from now. What are you doing? Where are you living? Which languages do you speak? Write a list to yourself to be opened ten years from now (30–50 words).**

 **Reading**

K Read the paragraph below and then answer in Swedish this question: Varför ringer Johan till sin dotter?

Klockan _är_ sju på morgonen och Agneta _sitter_ och _äter_ frukost när telefonen _ringer_. Det _är_ hennes pappa, Johan. Han vill träffa Agneta för han _behöver_ hjälp med sin nya dator. 'Men pappa, varför har du köpt en ny dator?' frågar Agneta. 'Din gamla dator _fungerar_ bra.' Johan _svarar_ att han har vunnit pengar på poker.

vinner – vann – **vunnit**	_win – won – won_
bestämmer	_decide_
bjuder	_invite_
osäker	_unsure_
en häst	_a horse_

L Now read the rest of the text and answer in Swedish the questions that follow.

Agneta och Johan bestämmer att de ska träffas i centrum klockan tolv. Johan ska bjuda Agneta på lunch och sedan ska de gå hem till Johan och dricka kaffe på maten. Agneta vill titta på datorn. Kanske kan hon hjälpa sin pappa. Men hon är osäker på om hon kommer kunna lösa problemet. Hon kan inte allt om datorer. Hon har aldrig gått på någon datakurs. Hon har lärt sig själv.

Klockan tolv är inte Agneta hungrig, men Johan äter som en häst. Agneta äter bara en tomatsallad och lite bröd. De pratar om påsken.

'Vad ska du göra i påsk?' frågar Johan sin dotter. 'Vill du komma hem till mig och äta påskmiddag? Jag har bjudit hem några kompisar. Du är också välkommen.'

'Tack', svarar Agneta. 'Men jag är inte hemma då. Jag ska åka till Grekland en vecka.'

De äter upp maten och Agnetas pappa betalar. Sedan går de till hans lägenhet.

Johan visar Agneta sin dator. Han har försökt starta den, men han kan inte. Agneta läser instruktionerna till datorn och Johan brygger kaffe och ställer fram två koppar på bordet. Han har bakat kanelbullar också. Agneta har alltid älskat pappas kanelbullar.

'Men pappa! Har du bakat!' säger Agneta. 'Nu känner jag mig hungrig. Jag kommer att äta jättemånga bullar.' Sedan trycker Agneta på startknappen på Johans nya dator. Den fungerar.

1 Vem betalar för lunchen?

_____

2 Dricker de kaffe på restaurangen?

_____

3 Är Agneta expert på datorer?

_____

4 Vart ska Agneta åka i påsk?

_____

5 Vad har Johan bakat?

_____

6 Varför vill Johan ha hjälp med sin dator? Vad är problemet?

_____

7 For some extra practice why not try the following? Highlight all the present tense verbs in the text (such as with the underlined words in Activity K). Identify which of them refer to something that will happen in the future. Also check if you can find future time expressions. Is the time always expressed explicitly?

Kaffe på maten _means that they are having coffee after lunch. It is a set phrase that tells us something about the Swedish coffee culture. You have not had a proper meal if you don't have at least one cup of coffee before you leave the table. Staff in the restaurants always ask:_ '**Vill du/ni ha kaffe på maten?**' _when you have finished your meal._

Vocabulary

M Write the opposite of the following verbs and adjectives from the text.

1 ny _gammal_ _____

2 mätt _____

3 säker _____

4 mycket _____

5 stänger av _____

6 hatar _____

7 ovälkommen _____

*English has got the negative prefixes un- or in- before many negative adjectives. The Swedish equivalent is **o-**. Like with un- or in- in English, you cannot add **o-** to all adjectives to make them negative and unfortunately there is no fixed rule for when you can add it. But often, when it is possible in English, it is also possible in Swedish: **oätlig** (inedible), **olycklig** (unhappy), **otrolig** (unbelievable), **ovänlig** (unfriendly).*

N Choose the expression or word which means the same as the underlined phrase.

1 Johan *äter som en häst*.

   a äter lite   b äter ganska lite   c äter jättemycket

2 Johan *ställer fram* två koppar på bordet.

   a placerar   b lägger upp   c kommer på

3 De ska *träffas* i centrum.

   a ses   b handla   c möter

4 Johan har bjudit hem några *kompisar*.

   a killar   b vänner   c kollegor

5 Jag kommer att äta *jättemånga* kanelbullar.

   a väldigt många   b ett tjog   c cirka tio

O Complete the table with the missing word forms.

noun	imperative
1 hjälp *-en*	*hjälp*
2 funktion *-en -er*	_____
3 svar *-et* Ø	_____
4 bestämmelse *-n -er*	_____
5 betalning *-en -ar*	_____
6 _____	instruera
7 försök *-et –en*	_____

If you wish to be a more efficient language learner it is a good idea to memorize not only a new word, but to learn the whole word family, that is, the different forms of the word. For example: adjective: **hungrig -t -a** *(hungry); noun:* **hunger -n** *(hunger); verb:* **hungra** *hungrar hungrade hungrat (starve, hunger).*

Äter som en häst is a simile which has got an English equivalent. Sometimes, but not always, Swedish similes and metaphors have their English counterparts.

P   Complete with the correct words from the box. Which of the Swedish similes below are the same in English?

en stock	en kvarn	en mus
en varg	en näktergal	en björn

1 Sover som _____ *a log*

2 Sjunger som _____ *nightingale*

3 Pratar som _____ *a mill*

4 Är hungrig som _____ *a wolf*

5 Är tyst som _____ *a mouse*

6 Är stark som _____ *a bear*

Writing

R   Imagine that you are friends with Julia in the text above. Julia tells you in an email what she has done together with her father throughout the day. Then she asks you what you have done today. Reply and tell Julia. You can for example begin with the following: *Jag har ätit frukost. Jag har pratat med min kompis på telefon …* **(50–80 words).**

Self-check

Tick the box which matches your level of confidence.

1 = very confident   2 = needs more practice   3 = not confident

Kryssa i rutan som passar in på dig.

1 = mycket säker   2 = behöver öva mer   3 = inte alls säker

	1	2	3
Describing present events and actions.			
Describing future events and actions.			
Describing future plans.			
Describing actions and events that happened at different points in the past.			

9 Vad gjorde du igår?

What did you do yesterday?

In this unit you will learn how to:

- ✅ Describe a historic person's life
- ✅ Describe past events and actions
- ✅ Describe something that happened before another past event or action
- ✅ Talk about the future from a past perspective

CEFR: Can describe plans, arrangements, habits and routines, past activities and personal experiences (A2); Can write about past events (describe life) (A2); Can write short, simple imaginary biographies and simple poems about people (A2); Can understand the description of events (B1).

Pluskvamperfekt	Preteritum	Futurum i dåtid
prior to THEN	THEN	after THEN
hade öppnat	öppnade	skulle öppna

Meaning and usage

Verbs – the past system

Pluperfect, past and 'past' future expressions all stand in relation to THEN in the timeline above.

1 The past tense is often combined with a *time word/expression* connected with the past: **Jag öppnade dörren _för en timme sedan._** *(I opened the door _an hour ago._)*

A Here are some examples of past time expressions. Match the Swedish with the correct English translation.

last week	yesterday	yesterday morning	last year
last spring	a year ago	in my whole life	

1 **förra veckan** *last week*

2 **förra året** _____

3 **i hela mitt liv** _____

4 **förra våren** _____

5 **i går** _____

6 **i går morse** _____

2 The past tense is also used when the time is not expressed explicitly by a time expression. It is often understood by the context:

Jag har varit i Spanien. (no time = perfect)

Där _badade_ **jag och** _solade_**.** (The time in the past when I was in Spain → past)

3 The past tense is always used in questions beginning with **När** _(= when)_ when the question concerns a time that has passed:

När _började_ **det andra världskriget?** _(When did the Second World War begin?)_

> _If you are invited to a Swedish family's house for dinner, it is very important to praise the food more than once while you are eating. A very common phrase for this is_ **'Vad gott det här var!'** _(This is really good!) Note that in Swedish, we use the past tense_ **(var)** _instead of the present tense_ **(är)** _in this set phrase, although we are eating and praising the food at the same time._

B Read the following sentences. Indicate the action which comes first in time as in the example.

1 Johan _hade läst_ hela boken när hans kompis ringde.

2 Elsa gick på bio när hon hade ätit middag.

3 Min kusin hade åkt till Grekland när vi träffade hans dotter.

4 Jag pratade med honom när han hade kommit tillbaka från semestern.

The **pluskvamperfekt**, _pluperfect_, (**hade** + supine) is used to describe something that had taken place before another past verb. That is, before something else happened, as in English: **Jag** _hade öppnat_ **dörren innan gästerna kom.** _(I had opened the door before the guests arrived.)_ Notice that the Swedish **hade** looks and sounds like the English _had_.

Skulle (the past of **ska**) + infinitive is used to describe an event subsequent to a past action: **Han rakade sig, för han** _skulle gå_ **på fest.** _(He shaved his beard, because he was going to a party.)_

The **pluskvamperfekt**, the past and the 'past future' (**skulle** + infinitive) all stand in relation to THEN. Compare:

past   past

I går såg jag att du sminkade dig. _(Yesterday I saw that you were putting on make-up.)_

past   prior to past action

I går såg jag att du hade sminkat dig. _(Yesterday I saw that you had put on make-up.)_

past   after past action

I går förstod jag att du skulle sminka dig. _(Yesterday I understood that you were going to put on make-up.)_

C Is the action still going on, or did it end? Answer the questions with Ja or Nej.

1 Göran: Jag har haft min motorcykel i tio år.

Has Göran still got his motorcycle? Ja

2 Elsa: Jag var gift i två år.

Is Elsa still married?

3 Adam: Min morfar var bussförare.

Is Adam's grandfather still working?

4 Mona: Jag har varit gift med Georg i tjugofem år.

Is Mona still married?

5 Roger: Jag hade körkort i 44 år.

Has Roger still got a driving license?

How to form the past tense

Notice that the past (**preteritum**) form has several endings in Swedish:

Birgitta _badade_. *(Birgitta took a bath.)*

Jonny _reste_ utomlands. *(Jonny went abroad.)*

Embla _sprang_ fem kilometer. *(Embla ran five kilometres.)*

Albin _var_ sjuk. *(Albin was ill.)*

You form the past (**preteritum**) with the endings -**de**, -**dde** and -**te**. The ending -**te** is used for the verbs in group 2B, where the stem ends with **p, k, s** or **t,** (e.g., tyc_k_ → tyckte, kö_p_ → köpte, lä_s_ → läste).

In verb group 4, the stem vowel changes in the past. Many of the Swedish group 4-verbs correspond to strong verbs in English with somewhat similar changes of form: **dricker – drack** *(drink – drank).* (More on this in Unit 13.) Below is a list of verb endings in the preteritum for each verb group.

	Imperativ	Past
	= (stem)	+ de + te + dde
1	prata	pratade
2A	stäng	stängde
2B	läs	läste
3	tro	trodde
4	drick	drack
Irreg.	var	var

The only difference between the regular verb groups 2A and 2B is the ending -te instead of -de in the past. This happened because it is easier to pronounce läste then 'läsde'. To remember this rule it might be of some help to think 'Pakistan'; verbs with a stem that ends p, k, s, t → -te.

D Pluskvamperfekt, preteritum eller *skulle* **+ infinitiv? Choose the correct words to complete the statements.**

1 Johanna _____ på sitt första jobb 2011.

   a hade börjat   b började   c skulle börja

2 När vi _____ vår villa, flyttade vi in i den.

   a hade byggt   b byggde   c skulle bygga

3 Ursäkta, jag _____ vad du sa.

   a hade inte förstått   b förstod inte   c skulle inte förstå

4 Ronja åkte till Heathrow i morse, för hon _____ till Finland.

   a hade flugit   b flög   c skulle flyga

5 I morse åkte Håkan till tågstationen, för han _____ sin gamla farfar vid tåget.

   a hade mött   b mötte   c skulle möta

6 I lördags _____ jag på tv hela kvällen.

   a hade tittat   b tittade   c skulle titta

7 Det _____ hela dagen igår.

   a hade regnat   b regnade   c skulle regna

8 När jag _____ Lisa i två månader gifte vi oss.

   a hade känt   b kände   c skulle känna

*Try to remember this simple rule: if two verbs are used together, then the second one is an infinitive, except after **har** and **hade**, which are followed by the supine.*

E Answer the questions in Swedish with your own words. Try to use the correct form of the preteritum, **the** pluskvamperfect, **or** *skulle* + infinitiv.

1 Vad gjorde du igår?

_____

2 Vad gjorde du förra sommaren *(last summer)*?

_____

F   Perfekt eller preteritum? Complete the sentences with the correct verb form.

1   Jag *har bott* här i Borås i fyra år. (har bott/bodde)

2   Hon _____ i Berlin när hon var liten. (har bott/bodde)

3   Elisabet _____ sluta röka, men hon kan inte. (har försökt/försökte)

4   Jag _____ röka 2008. (har slutat/slutade)

5   Mimmi satt och _____ i fem timmar i går. (har läst/läste)

6   Jorden _____ i flera miljoner år. (har existerat/existerade)

G   Here are some time expressions used with the past system. Match the Swedish expressions with the correct English translation.

1 för en vecka sedan	**a** *last week*
2 i fredags	**b** *last summer*
3 i förrgår	**c** *yesterday morning*
4 förra året	**d** *early this morning*
5 förra veckan	**e** *last night*
6 i morse	**f** *a year ago*
7 i somras	**g** *last year*
8 i går morse	**h** *last Friday*
9 i natt	**i** *the day before yesterday*
10 för ett år sedan	**j** *a week ago*

H   Using the verbs in the box and the time expressions from the list above, write sentences describing what your imagined friend Max has been doing for the last week. Write the correct verb form as in the example below.

jobba	laga mat	tvätta	städa	jogga
prata	åk	vila	köp	sy

För en vecka sedan tvättade Max kläder.

Reading

Here are some words from the text you are about to read.

delar ut	*distribute, administer*
uppfinnare	*inventor*
affär	*shop, business*
fortsätter (fortsatte-fortsatt)	*continue*

I Read the beginning of this website about Alfred Nobel and answer in Swedish this question: Hur gammal var Alfred Nobel när han dog?

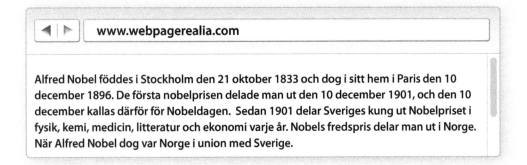

www.webpagerealia.com

Alfred Nobel föddes i Stockholm den 21 oktober 1833 och dog i sitt hem i Paris den 10 december 1896. De första nobelprisen delade man ut den 10 december 1901, och den 10 december kallas därför för Nobeldagen. Sedan 1901 delar Sveriges kung ut Nobelpriset i fysik, kemi, medicin, litteratur och ekonomi varje år. Nobels fredspris delar man ut i Norge. När Alfred Nobel dog var Norge i union med Sverige.

J Now read the rest of the website and write questions in Swedish to the answers that follow.

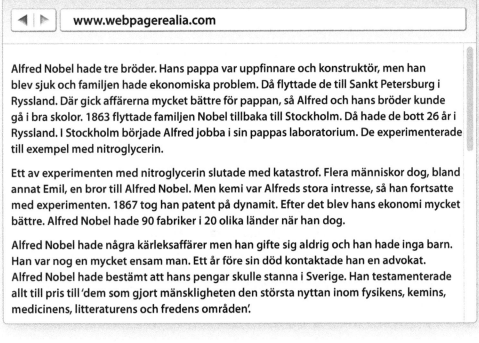

www.webpagerealia.com

Alfred Nobel hade tre bröder. Hans pappa var uppfinnare och konstruktör, men han blev sjuk och familjen hade ekonomiska problem. Då flyttade de till Sankt Petersburg i Ryssland. Där gick affärerna mycket bättre för pappan, så Alfred och hans bröder kunde gå i bra skolor. 1863 flyttade familjen Nobel tillbaka till Stockholm. Då hade de bott 26 år i Ryssland. I Stockholm började Alfred jobba i sin pappas laboratorium. De experimenterade till exempel med nitroglycerin.

Ett av experimenten med nitroglycerin slutade med katastrof. Flera människor dog, bland annat Emil, en bror till Alfred Nobel. Men kemi var Alfreds stora intresse, så han fortsatte med experimenten. 1867 tog han patent på dynamit. Efter det blev hans ekonomi mycket bättre. Alfred Nobel hade 90 fabriker i 20 olika länder när han dog.

Alfred Nobel hade några kärleksaffärer men han gifte sig aldrig och han hade inga barn. Han var nog en mycket ensam man. Ett år före sin död kontaktade han en advokat. Alfred Nobel hade bestämt att hans pengar skulle stanna i Sverige. Han testamenterade allt till pris till 'dem som gjort mänskligheten den största nyttan inom fysikens, kemins, medicinens, litteraturens och fredens områden'.

1 *Vad hade Alfred Nobels pappa för yrke?*

Han var uppfinnare och konstruktör.

2 _____

26 år.

3 _____

Han ägde 90 fabriker.

4 _____

Kemi var Alfred Nobels favoritämne.

5 _____

Ingen gång. Han gifte sig aldrig.

6 _____

Ett år före sin död.

 *When you describe a historic person or event you can both in Swedish and in English use either the present or the past tense. If you choose the present tense, it is called **historic present**, and is often used to create an illusion of 'now'.*

7 For some extra practice why not try the following? Change the text about Alfred Nobel in the website into the **historic present**.

Vocabulary

K   Choose the correct words to complete the statements.

1 Pacemakerns _____ heter Rune Elmqvist . Han konstruerade den första pacemakern 1958.

   a ingenjör   b laboratorium   c uppfinnare

2 Företaget Ericsson gör _____ med många länder utanför Europa.

   a ekonomi   b affärer   c experiment

3 John sitter och läser svenska. Han har läst kapitel tolv. Nu _____ han med kapitel tretton.

   a fortsätter   b bestämmer   c kontaktar

4 I Sverige bor 32 % av alla som är 60 år eller äldre _____.

   a ekonomisk   b ensamma   c aldrig

5 Nobelpriset i _____ 1954 gick till den amerikanska författaren Ernest Hemingway.

   a litteratur   b kemi   c ekonomi

L **For each group of words, identify the odd one out**

1 matematik, biologi, geologi, fred

2 bror, advokat, pappa, familj

3 uppfinnare, katastrof, konstruktör, advokat

4 intresse, laboratorium, experiment, kemi

M **Complete these sentences with a suitable word from the text.**

1 _ _ _ _ _ _ _ _ är årets sista månad.

2 I singular heter det en bror och i plural _ _ _ _ _ _ .

3 Krig är motsats till _ _ _ _ .

4 Frisk är motsats till _ _ _ _ .

5 Språk är mitt stora _ _ _ _ _ _ _ _ . Därför studerar jag svenska nu.

6 Familjen Nobel _ _ _ _ _ _ _ _ inte i Ryssland. De flyttade tillbaka till Stockholm.

Writing

N **Think of a historical person who is known for something. Use the text about Alfred Nobel in Activities I and J as a model and write a presentation of the person you choose. Choose between writing in the past or in the historic present (50–80 words).**

Self-check

Tick the box which matches your level of confidence.

1 = very confident   2 = needs more practice   3 = not confident

Kryssa i rutan som passar in på dig.

1 = mycket säker   2 = behöver öva mer   3 = inte alls säker

	1	2	3
Describing a historic person's life.			
Describing past events and actions.			
Describing something that happened before another past event or action.			
Talking about the future from a past perspective.			

10 Jag har en bror som är lärare

I have a brother who is a teacher

In this unit you will learn how to:

- Write a presentation of yourself with complex sentence structures
- Describe what you or someone else would do in imaginary situations
- Reply to an invitation from someone
- Write about a historical figure using sentence variety and connecting the text with subordinators

CEFR: Can write short, simple imaginary biographies (A2); Can write about past events (describe life) (A2); Can understand the description of events (B1).

Subjekt/ verb	Subjekt	Satsadverb	Verb 1	Verb 2	Objekt	Sätt (hur?)	Plats (var?)	Tid (när?)
Min fru skrattar, när	jag	inte	kan,	sjunga	ballader	vackert	i duschen	på morgonen.

-- bisats --

bisats (*subordinate clause*) = **tidsadverb i huvudsatsen** (*time adverb in the main clause*)

Min fru skrattar = **huvudsats** (*main clause*)

när **tillhör** (*belongs to*) **bisatsen**

Meaning and usage

Subordinate clauses

A clause is a unit that consists of at least a verb and a subject. There are two kinds of clauses, and one of them, the main clause (**huvudsats**), was described in Unit 2. You may remember that a main clause can stand alone as a complete sentence (it has both a subject and a verb and is a complete idea).

Jag tycker om musik. (main clause— can be a complete sentence)

A subordinate clause depends on a main clause for its complete meaning, and cannot stand alone as a sentence. For example:

som kommer från Sverige (subordinate clause— an incomplete thought)

However, you can combine these two clauses to make a full sentence:

Jag tycker om musik *som kommer från Sverige.*

 A **What do the underlined sections have in common?**

If you are not sure how to distinguish the main clause from the subordinate clause, a rule of thumb for both English and Swedish is that the subordinate clause cannot make a sentence by itself.

1 *När jag duschar* brukar jag sjunga.

2 Jag har en cykel *som jag ska sälja*.

3 Jag tycker om *att du studerar svenska*.

B **Underline the main clauses in the following sentences. The remaining parts of the sentences are subordinate clauses.**

1 De hoppas att vädret blir bättre i morgon.

2 När sommaren kommer åker vi på semester.

3 Han studerar svenska därför att han ska flytta till Sverige.

4 Läraren frågar om alla har förstått texten.

5 Om du inte lyssnar på mig blir jag ledsen.

Subordinators

A subordinate clause can easily be recognised because it always begins with some kind of an opening word, a subordinator. Below are the most common types of subordinate clauses:

1 **att clauses:** Jag hoppas *att du kommer i morgon.* *(I hope that you come tomorrow.)*

2 **som clauses:** Jag har en bror *som är lärare.* *(I have a brother who is a teacher.)*

3 **time clauses** beginning with: **när** *(when),* **då** *(then),* **innan** *(before),* **medan** *(while),* **tills** *(until),* **sedan** *(since)*

   När jag använder lexikon, förstår jag allt. *(When I use a dictionary, I understand everything.)*

4 **Conditional clauses** beginning with: **om/ifall** *(if)*

   Om jag inte var sjuk, skulle jag gå till jobbet. *(If I weren't sick, I would go to work.)*

5 **Causal clauses** beginning with: **eftersom** *(because, since),* **därför att** *(because)*

   Eftersom jag är trött, ska jag gå och lägga mig nu. *(Since I am tired I will go to bed now.)*

6 **Concessive clauses** beginning with: **fastän/trots att** *(although, even though)*

   Fastän det regnade, gick vi en promenad. *(Even though it rained, we went for a walk.)*

7 **INDIRECT QUESTIONS** beginning with: **om** *(if)*, **varför** *(why)*, **var** *(where)* and all other interrogative words.

Vet du varför <u>solen aldrig går upp i norr?</u> *(Do you know why the sun never rises in the north?)*

C **Indicate which of the following questions are direct and which are indirect by ticking the correct box.**

	Direct	Indirect
1 Sara frågar varför du inte kommer.		
2 'Varför kommer du inte?' frågar Sara.		
3 'Var bor du?' frågar Allan.		
4 Allan frågar var du bor.		

Both **eftersom** *and* **därför att** *mean because in English, which can be confusing. But there is one important difference between the two – you can never begin a sentence with* **därför att:** **Jag studerar svenska** *därför att/eftersom* **jag älskar Sverige.** *(I study Swedish because I love Sweden.)* *Eftersom* **jag älskar Sverige studerar jag svenska.** *(Since I love Sweden, I study Swedish.)*

D **Take another look at the examples of different kinds of subordinate clauses. Try to change the sentences which start with a subordinate clause and put the main clause first.**

Exempel:

När jag använder lexikon, förstår jag allt.

Jag förstår allt, när jag använder lexikon.

Position in the main clause and word order in the subordinate clause

In both English and in Swedish a subordinate clause may take several different positions in the main clause, but the subordinate clause normally comes directly after or directly before the main clause.

<u>Om</u> jag var född på Island, **skulle jag vara isländsk.**

Jag skulle vara isländsk om jag var född på Island.

Note that there are two important differences regarding word order in a main clause (see Unit 2) compared with a subordinate clause:

1 A main clause may start with any sentence element, the so-called *fronting*, but a subordinate clause *must* start with the subject.

<u>Main clause:</u>

subj. verb 1　SA　tidsuttryck
Erika joggar alltid på måndagar.

tidsuttryck　verb 1 subj.　SA
På måndagar joggar Erika alltid.

<u>Subordinate clause:</u>

　　　　　　subj.　SA verb 1　tidsuttryck
Erika säger <u>att hon alltid joggar på måndagar.</u>

2 A main clause has **inte** and other clause adverbs after the first verb, but in a subordinate clause **inte** and other clause adverbs always go before the first verb:

　　　　　　verb 1 SA　verb 2
<u>Main clause:</u>　**Kristin kan　inte　spela piano.**

　　　　　　　　　　subj. SA　verb 1　verb 2
<u>Subordinate clause:</u>　**Kristin säger att hon　inte　kan　spela piano.**

E　Look at the sentences below. Which subordinate clauses can you find? How do you know that these clauses are subordinate?

Adam är gift med Mona och han älskar henne. Mona gifte sig med Adam därför att han är rik, men det förstår inte Adam. Innan Mona gifte sig med Adam var hon fattig.

> *In Unit 2 a list of common clause adverbs was presented, for example, **inte** (not), **alltid** (always), **aldrig** (never). These words, as you already know, change the meaning of the whole clause. As you might have noticed in English the clause adverbs have the same position in both main and subordinate clauses. It is therefore important to observe the clause adverbs in the Swedish sentences carefully.*

F Complete the sentences using the words that are given.

1 Jag tror att _den nya filmen är bra._____.

   (bra / den nya filmen / är)

2 Jag undrar var _____.

   (ligger / apoteket)

3 Vi måste äta ris eftersom _____.

   (glömt / vi / har / potatis / att / köpa)

4 Du måste kontakta en reparatör om _____.

   (fungerar / inte / tvättmaskinen)

5 Jag måste köpa mat innan _____.

   (tar / bussen / jag / hem)

6 Det här är ett ord som _____.

   (inte / jag / förstår)

G Change from direct speech to indirect speech.

Direct speech	Indirect speech
1 John: När börjar filmen?	John undrar _när filmen börjar_.
2 Linda: Var är mina nycklar?	Linda frågar _____
3 Elsa: Jag behöver en kopp kaffe.	Elsa säger att _____
4 Frida: Var är toaletten?	Frida undrar _____
5 Gunnar: Kan jag parkera här?	_____
6 Kamilla: Jag kommer inte imorgon.	_____
7 Eva: Jag har inte tid att laga mat.	_____
8 Sven: Jag brukar alltid städa på måndagar.	_____

H Write the words in the correct order.

1 hade / en / stor / jag / lägenhet / , / jag / ofta / skulle / ha / fest

   Om _jag hade en stor lägenhet, skulle jag ofta ha fest._____

2 köpt / cykel / har / ny / en / , / aldrig / cykla / trots att / jag / brukar

   Jag _____

3 om / för / mig / tala / du / , / klockan / hur / mycket / är

   Kan _____

4 åkte / till / Sverige / han / , / aldrig / han / varit / utomlands / hade

Innan _____

5 han / så / inte / bra / mår / , / hemma / han / stanna / ska / jobbet / från

Eftersom _____

Som-clauses and other relative clauses

Relative pronouns as subordinators

Formal and informal	Only formal
som	vilken
där	vilket
	vilka

Relative clauses start with a relative pronoun, which refers to some word that has been mentioned earlier. **Som** is the most common relative pronoun in Swedish (in English: *who, which* or *that*).

Som

Lisa gillade boken _som_ barnen gav henne. *(Lisa liked the book that/which the children gave her.)*

Jag har en kusin _som_ är tandläkare. *(I have a cousin who is a dentist.)*

> *The word **som** is left out fairly often in relative clauses, just as is the case with 'who', 'that' and 'which' in English in certain sentences. Whenever you can leave out 'who', 'that' and 'which' in English, you can also leave out **som** in Swedish:* **Pengarna jag har räcker inte.** *(The money I have got is not enough.)* = **Pengarna _som_ jag har räcker inte.** *(The money that I have got is not enough.)*

Där and dit

Där (position) and **dit** (direction) are used as relative pronouns to denote place. With this function they correspond to *where* or *in which* in English.

Kymmendö är namnet på en ö _där_ August Strindberg har bott. *(Kymmendö is the name of an island _where_ August Strindberg lived.)*

Bishop Arms är en pub _dit_ många ölälskare går. *(Bishop Arms is a pub _where_ many beer lovers go.)*

*Be careful not to mix **där/dit** with the question word **var. Var** can never be used as a relative pronoun, but it can be used as a subordinator for indirect speech: **Pappa undrar var du har varit.** (Daddy wonders where you have been.)*

I **Insert** *som* **or** *där/dit* **in the sentences below.**

1 Madrid är en stad <u>som</u> aldrig sover.

2 Jag vet en klubb _____ man kan dansa hela natten.

3 I London finns många pubar _____ man kan dricka öl.

4 På min gata finns en affär _____ jag ska gå och handla i morgon.

5 Indien är ett land _____ har många invånare.

6 Min syster jobbar på en förskola _____ ligger i Södertälje.

Vilken, vilket, vilka

In formal written Swedish **vilken, vilket, vilka** are also used with the same function as **som**:

vilken → 'Y' är en främre vokal vilken uttalas med utrundade läppar.
('Y' is a front vowel which is pronounced with protruded lip rounding.)

vilket → I svenskan finns ett frikativt sje-ljud, vilket bereder många språkstudenter problem. *(In Swedish there is a fricative sje-sound, which causes problems for many language students.)*

vilka → Fonemen /p/ /t/ /k/, vilka normalt är aspirerade, har oaspirerade allofoner efter /s/.

(The phonemes /p/ /t/ /k/, which normally are aspirated, have got unaspirated allophones after /s/.)

J **Match the Swedish subordinators with the correct English translation.**

1 därför att   **a** *although*

2 så att   **b** *when*

3 medan   **c** *while*

4 innan   **d** *so that*

5 fastän   **e** *if*

6 även om   **f** *because*

7 om   **g** *before*

8 när   **h** *even if*

K **Complete the sentences with a subordinate clause, beginning with one of the subordinators you have learnt.**

1 Jag kom försent till jobbet _____

2 Jag ska ta en promenad i kväll, _____

3 Han lyssnade på musik _____

4 Jag ska sluta jobba _____

5 Jag vill att du ska komma hem _____

The conditional

As in English we often start a conditional sentence with the subordinate clause and with the verbs in the past tense system, even though we are standing here right now wishing something as in the following example:

NOW: *Om* jag *var* rik, *skulle* jag sluta *jobba*. *(If I were rich, I would stop working.)*

→ **Om** … *past tense* …, **skulle** … **infinitive**.

THEN: *Om* jag *hade varit* rik, *skulle* jag *ha slutat* jobba. *(If I had been rich, I would have stopped working.)*

→ **Om** … **hade+supine** …, **skulle** … **ha+***supine* …

L **Make sentences using the words that are given.**

1 (jag, pengar → en båt)

Now: *Om jag hade pengar, skulle jag köpa en båt.*

Then: *Om jag hade haft pengar, skulle jag ha köpt en båt.*

2 (jag, tid → tennis)

Now: _____

Then: _____

3 (jag, en hund → promenerar mycket)

Now: _____

Then: _____

📖 Reading

Here are some words from the text below.

stormakt	*great power*
viktig	*important*
krig	*war*
jagar	*hunt*

M Read the beginning of this web page about Queen Kristina and then answer in Swedish this question: Hur gammal var Kristina när hennes pappa dog?

◀ | ▶   www.webpagerealia.com

Kristina – drottningen som gjorde skandal

Kristina föddes på Stockholms slott år 1626. Då var Sverige en stormakt, ett viktigt land i Europa. Kristinas far, kung Gustav II Adolf, dog i det trettioåriga kriget *när hon bara var sex år*. Men hon fick vänta tills hon var 18 år *innan hon blev Sveriges drottning.*

N Now read the rest of the web page and answer in Swedish the questions that follow.

◀ | ▶   www.webpagerealia.com

Kristina hade lätt för att läsa och hon studerade till exempel teologi och filosofi för den tidens bästa lärare Hon hade också talang för språk. Hon lärde sig tala franska, tyska och holländska flytande. Och så lärde hon sig att rida och att jaga.

När Kristina blev drottning var hon mycket inspirerad av Frankrike. Hon älskade att organisera jakter, stora middagar och fester. Hon tyckte också mycket om att tala med lärda personer. Hon bjöd till exempel den franske filosofen Descartes till Stockholms slott 1649. På 1600-talet fanns inte centralvärme så Descartes frös mycket i det kalla slottet. Eftersom Kristina var morgonpigg, måste han också stiga upp tidigt på morgnarna. Efter bara några månader dog Descartes av lunginflammation.

Drottning Kristina ville inte gifta sig. I stället blev hon mer och mer intresserad av konst, filosofi och religion. Men hon tyckte inte om den kulturella miljön i Sverige, så hon abdikerade den 6 juni 1654. Sedan reste hon till Rom i Italien där hon gick över från protestantismen till katolicismen. Att Sveriges protestantiska drottning blev katolik var en skandal i hela Europa. Kristinas hem i Rom blev ett kulturellt och politiskt centrum och dit kom en rad politiker, författare och konstnärer. Kristina själv var författare. Hon skrev bland annat en bok om sitt liv. Drottning Kristina bodde i Rom till sin död 1689. Hennes grav finns i Peterskyrkan.

1 Vilka språk talade Kristina?

_____

2 Vilket år blev Kristina drottning?

_____

3 Varför bjöd Kristina Descartes till Stockholms slott?

_____

4 Varför abdikerade drottning Kristina?

_____

5 For some extra practice why not try the following? Highlight all the subordinate clauses in the long text (as with the underlined clauses in Activity M). Identify what kind of subordinate clauses they are. You can also try to find out if it is possible to change their position in the main clause. For example, the second sentence could also be: _Innan hon blev Sveriges drottning fick hon vänta tills hon var 18 år._

O **Correct the false statements below with information from the text.**

1 Drottning Kristina väntade i 18 år, innan hon blev drottning.

_____

2 Kristina var morgontrött, så hon sov alltid länge på morgnarna.

_____

3 Descartes mådde bra i Stockholm och han bodde där i många år.

_____

4 När Kristina blev drottning bodde hon i Rom.

_____

5 Kristina ville gärna gifta sig, men hon hittade ingen man.

_____

Vocabulary

P **Which words in the text about Queen Kristina mean the following?**

1 *learned* _____

2 *art* _____

3 *hunt* _____

4 *politician* _____

5 *important* _____

6 *fluently* _____

7 *castle* _____

8 *environment* _____

9 *author* _____

10 *church* _____

Q **Complete the sentences with the correct words from the box.**

morgonpigg	miljön	jagar
drottning	rad	centralvärme

1 Nästan alla svenska hem har _____, så man behöver inte frysa inomhus på vintern.

2 Carl XVI Gustaf är Sveriges kung. Han är gift med _____ Silvia.

3 Jag älskar att stiga upp tidigt på morgnarna. Jag har alltid varit _____.

4 Det finns en _____ olika yrken där man jobbar med människor.

5 Anders köper alltid ekologiska produkter, för han tänker mycket på _____.

6 Cirka 270 000 svenska män och kvinnor _____ älg varje år i oktober.

R **For each group of words, identify the odd one out**

1 drottning, filosofi, kung, slott

2 franska, holländska, teologi, tyska

3 katolicismen, protestantismen, religion, stormakt

4 filosof, författare, konstnär, slott

> To make faster progress, try to practise these activities over and over again. **Övning ger färdighet!** (Practise makes perfect!)

 # Writing

S It is the year 1648. You have received a letter from Queen Kristina explaining that she is inviting you to the palace in Stockholm. She wants you to be her English teacher. Write a reply to Queen Kristina (50–80 words).

Self-check

Tick the box which matches your level of confidence.

1 = very confident   2 = needs more practice   3 = not confident

Kryssa i rutan som passar in på dig.

1 = **mycket säker**   2 = **behöver öva mer**   3 = **inte alls säker**

	1	2	3
Writing a presentation of myself with complex sentence structures.			
Describing what I or someone else would do in imaginary situations.			
Replying to an invitation from someone.			
Writing a text about a historical figure using sentence variety and connecting the text with a variety of subordinators.			

11

Jag har ingen bil

I don't have a car

In this unit you will learn how to:

✓ Use the Swedish equivalents of *no one, nothing, any, such,* etc., in context

✓ Describe what you haven't got

✓ Describe a tourist attraction

✓ Use a variety of different pronouns in different forms

CEFR: Can read straightforward factual texts on subjects related to his field and interest with a satisfactory level of comprehension (B1); Can write a description of an event – real or imaginary (B1).

A **Look at** *ingen, inget* **and** *inga* **in the sentence below. When do we use these different forms of** *ingen***?**

Jag har ingen bil, inget körkort och inga pengar.

En-words	Ett-words	Plural	
all	allt	alla	*(all)*
annan	annat	andra	*(another)*
hel	helt	hela	*(whole)*
ingen	inget/ingenting	inga	*(no/no one)*
någon	något/någonting	några	*(any, some)*
sådan	sådant	sådana	*(such)*
vilken	vilket	vilka	*(which)*
vem/vilken som helst	vilket som helst	vilka som helst	*(anyone/anything at all)*

Meaning and usage

Pronouns – determiners

Adjectives and possessive pronouns (e.g. **min-mitt-mina**) change their forms according to the noun they describe. This is called **agreement**. Above are some more pronouns that follow this rule. Some of the words above fall into different sub-categories depending on which grammar book you are using. Nevertheless, most of them are usually defined as *indefinite pronouns*, but let us call them **determiners**, because that is their function.

B Match the Swedish phrase with the correct English translation.

1	Har du någon flickvän?	a	*Like master like dog.*
2	Min farfar har ingen dator.	b	*Which movie is the best?*
3	Jag äter nästan allt.	c	*My grandfather has no computer.*
4	Sådan herre sådan hund.	d	*What other languages do you speak?*
5	Vilken film är bäst?	e	*Do you have a girlfriend?*
6	Vilka andra språk talar du?	f	*I eat almost everything.*

The use of different forms

all/allt/alla

→ *all* + uncountable **en**-words: *All* **mjölk är slut.** *(We have run out of milk.)*

allt + uncountable **ett**-words: *Allt* **kaffe är slut.** *(We have run out of coffee.)*

alla + plural countables: *Alla* **köttbullar är slut.** *(We have run out of meatballs.)*

alla (independent): *Alla* **är här nu.** *(Everybody is here now.)*

annan/annat/andra

→ *annan*: **Den här filmen är dålig. Kan vi inte titta på en *annan*?**
(This film is bad. Can't we watch another one?)

annat: **Mitt lexikon är så litet. Jag vill köpa ett *annat*.**
(My dictionary is so small. I want to buy another one.)

andra: **Ursäkta, har du några *andra* äpplen? De här är ruttna!**
(Excuse me, have you got any other apples? These are rotten!)

hel/helt/hela

→ *hel*: **Han dricker en *hel* flaska vin ensam.**
(He is drinking a whole bottle of wine alone.)

helt: **Ludvig bodde i Kina ett *helt* år.**
(Ludvig lived in China a whole year.)

hela: **Robin sitter framför datorn *hela* dagarna.**
(Robin is sitting in front of the computer the whole day every day.)

någon/något/några/någonting

→ *någon*: **Finns det *någon* tidning kvar?** *(Is there any newspaper left?)*

något: **Har du *något* vin hemma?** *(Have you got any wine at home?)*

några: **Har du *några* frågor?** *(Have you got any questions?)*

någonting: *Något/Någonting* **hände men jag såg ingenting.**
(Something happened but I saw nothing.)

sådan/sådant/sådana

→ *sådan*: Åh, en *sådan* härlig dag!
(Such a lovely day!)

sådant: Jag går inte ut i ett *sådant*
väder. *(I am not going out in such weather.)*

sådana: Jag pratar inte om *sådana*
saker. *(I don't talk about such things.)*

In normal speech **någon/något/någonting/**
några *are pronounced* **nån/nåt/nånting/nåra.** *The*
same thing happens with **sådan/sådant/sådana**
→ **sån/sånt/såna.** *These forms also appear in*
informal writing. People will understand you if you
pronounce these words as they are written, but you
will sound a lot more Swedish if you use the short
forms when speaking.

C Complete with all, annan, hel, någon
or sådan **in the correct form.**

1 Han var sjuk _____ veckan.

2 Våra grannar är jättetrevliga. _____ människor träffar man inte ofta.

3 Det finns ingen plats på den här restaurangen. Du måste gå till en _____.

4 _____ socker är slut. Nu kan jag inte baka.

5 Jag har väntat en _____ vecka, men han ringer inte.

6 I år åker jag på semester till Paris, men ett _____ år vill jag åka till New York.

7 Hasse solade _____ dagen. Nu är han röd, inte brun.

8 Har lärare _____ fritid?

Ingen and någon in negative sentences

**D Match with the correct translation. What do you know about Sweden? Are the
statements correct or incorrect?**

1 Sverige har ingen president.   a   *Sweden does not have any high taxes.*

2 Sverige har inte någon president.   b   *Sweden has no president.*

3 Sverige har inga höga skatter.   c   *Sweden has no high taxes.*

4 Sverige har inte några höga skatter.   d   *Sweden does not have a president.*

1 **Danmark har inte några höga berg.** *(Denmark doesn't have any high mountains.)*

2 **Jag förstår inte varför Danmark inte har några höga berg.** *(I don't understand why Denmark has got
no high mountains.)*

3 **Danskarna brukar inte vinna några skidtävlingar.** *(The Danes usually don't win any ski competitions.)*

In example 1 above, you can choose between *Inte några* and *inga*, but in examples 2 and 3 you have to have *inte ... några*.

Ingen, inget, inga and **ingenting** are used as subjects, or part of the subject, in both main and subordinate clauses:

→ <u>*Ingen*</u> bil är bra. *(No car is good.)* **Hon säger att** <u>*ingen*</u> **bil är bra.** *(She says that no car is good.)*

<u>*Ingen*</u> svarade på min annons. *(Nobody responded to my advertisement.)*

Ingen, inget, inga can also be used as an object, or part of the object, in main clauses with only one verb:

Jag har <u>*ingen*</u> **bil.** *(I have no car.)*

Otherwise, a compound such as **inte någon**, etc., must be used:

subjekt	verb 1	SA	verb 2	objekt
→ Jag	har	*inte*	läst	*några* svenska romaner.

(I have not read any Swedish novels.)

E **Choose between** *någon, något, några, ingen, inget, inga.*

1 Kan du inte ringa till mig _____ dag? Jag är så ensam. Jag har _____ jobb, _____ kompis och _____ husdjur.

2 Finns det _____ mataffär här? Jag har _____ bananer och _____ ost hemma.

F **Change the main clauses. Use personal pronouns and** *inte – någon, inte – något, inte – några.*

1 Ungdomarna har inga problem.

(vill inte) <u>*De vill inte ha några problem.*</u>

2 Mats har ingen mat hemma.

(brukar inte) _____

3 Lilly köper ingen ny cykel i år.

(behöver inte) _____

4 Familjen Larsson har ingen semester i juli.

(ska inte) _____

5 Gunilla har inga pengar i sin plånbok.

(brukar inte) _____

6 Harald köper ingen vinflaska på Systembolaget. (Han är 16 år.)

(får inte) _____

Change the subordinate clauses as in the example.

Use *inte – någon, inte – något, inte – några.*

1 Vi har ingen potatis hemma. Vi måste äta ris eftersom.
   vi inte har någon potatis hemma.

2 Paul har ingen bok. Han måste låna Emmas bok eftersom.
   _____

3 Anna har ingen tv. Hon tittar på tv hemma hos sin mamma eftersom.
   _____

4 Mikael har inga pengar. Han stannar hemma eftersom.
   _____

5 Ulla har inget lexikon. Hon går till biblioteket eftersom.
   _____

Den här / den där

den här pennan	*den där* pennan
det här huset	*det där* huset
de här väskorna	*de där* väskorna
de här husen	*de där* husen

These pronouns are used to show something or point at something, and are similar to the English determiners *this/that/these/those*. If the person who is talking is close to the thing she/he is showing or pointing at, **den här/det här/de här** is used:

De här byxorna är dyra. *(These trousers are expensive.)*

If the thing is far away from the person talking, use **den där/det där/de där:**

Vad heter *den där* stjärnan? *(What's the name of that star?)*

H Make your own sentences using the following as a model.

Exempel:

Se inte *den där* tv-serien. *Den* är dålig.

Titta på *de där* fåglarna. *De* är vackra.

Talking about people in general – man

Subject	Possessive pronoun	Possessive pronoun Reflexiv	Object	Reflexive
man	ens	sin/sitt/sina	en	sig
hon	hennes	sin/sitt/sina	henne	sig

Man is used when you are not thinking of any specific person or when you are talking about people in general. In English depending on the context one of these words is used: *you, they, people, we, I, one.* Notice the different forms of **man** in the table on the previous page. **Man** is the subject form, while in the possessive, it becomes **ens**. As an object, it becomes **en**. We use **sin/sitt/sina** for the possessive reflexive form, and **sig** for the reflexive form.

När _man_ söker jobb, vill de ofta se _ens_ referenser. *(When you apply for a job, they often want to see your references.)*

Om polisen stoppar en, får _man_ visa _sitt_ körkort. *(If the police stop you, you need to show your driving licence.)*

You can learn the forms for **man** *by comparing with* hon. (Man *kan lära sig formerna för man genom att jämföra med* hon.)

I   **Complete the sentences with the correct form of** man.

1 Vad gör _____ om _____ glömmer _____ väska på bussen?

2 Det är svårt att somna när det är fest utanför _____ sovrumsfönster.

3 _____ vet aldrig vad som kan hända _____ i framtiden.

The use of a new pronoun, **hen,** *is spreading in spoken as well as written Swedish.* **Hen** *was born from a need for a pronoun free of preconceived notions about gender, and has caused debates and mixed emotions in Sweden. While some people protest, others just think* **hen** *is a simpler way to express* **han** *or* **hon** *(he or she) in contexts where the gender is not relevant. For example:* **Konsumenten kan undvika produkter som hen (=han eller hon) inte vill använda.** *(Consumers can avoid products they do not wish to use.) The use of* **han** *or* **hon** *in sentences like this is much more frequent than in English where the pronoun they is often used instead as in this example.*

 # Reading

Here are some words from the text below.

sjö	*lake*
författare	*author*
tillverkar	*produce*
nöjespark	*amusement park*

J **Read the first paragraph from a website about Småland below and then answer in Swedish this question: Vad heter författaren som skrev om utvandringen till Amerika?**

---

 www.webpagerealia.com

Sverige har 25 landskap och Småland är ett av *dem*. *Det* ligger i sydöstra Sverige och där finns många sjöar och mycket skog men *inga* höga berg. Nästan *alla* svenskar vet att författaren Astrid Lindgren (1907-2002) föddes utanför Vimmerby i Småland. Exempel på *några andra* författare *som* kommer från Småland är Vilhelm Moberg (1898-1973) och Karin Alvtegen (1965-). Vilhelm Moberg skrev en romanserie om emigrationen till Amerika och Karin Alvtegen skriver kriminalromaner.

 Maybe you have come across Swedish loan words with plural **-s** since they are rather common. Many Swedish language users prefer an **-s** in Swedish loan words, for example **cowboys, ponnys,** instead of an adaptation to the Swedish plural system, which in this case would be **cowboyer, ponnyer.** However, the Swedish Language Council (**Språkrådet** http://www.sprakradet.se) recommends that we avoid using the plural **-s** in such words.

K Now read the rest of the text and answer in Swedish the questions that follow.

◄ | ►   www.webpagerealia.com

Det finns en hel del turistattraktioner i Småland. En sådan är Astrid Lindgrens värld i Vimmerby.

Under en dag i Astrid Lindgrens värld kan man möta några av figurerna i Lindgrens barnböcker, till exempel Pippi Långstrump. Hennes hus, Villa Villekulla, finns förstås också där liksom några andra platser som är kända från böckerna.

Ett helt annat turistmål i Småland är nöjesparken High Chaparral. Där finns många aktiviteter för hela familjen. Miljön är en miniatyrstad i Vilda Västern i 1800-talets Amerika. Där får du träffa en hel del olika karaktärer, till exempel cowboyer, banditer, sheriffer, indianer och hjälten Lucky Luke. Där finns också några ponnyer som barnen kan rida på.

Ett tredje utflyktsmål är Glasriket som ligger i östra Småland. Där har man tillverkat munblåst glas sedan 1700-talet och dit kommer mer än en miljon besökare varje år. Några kommer tillbaka gång på gång för att se hur man blåser glas. På några glasbruk kan man också få prova att blåsa själv. Man kan naturligtvis köpa glas också. Där finns glas i färger och former för alla smaker till försäljning.

1   Vad kan man göra i Astrid Lindgrens värld?

_____

2   Vad heter huset där Pippi Långstrump bor?

_____

3   Finns det några djur på High Chaparral?

_____

4   Var i Småland ligger Glasriket?

_____

5 När började man tillverka glas i Glasriket?

_____

6 Hur många gör en utflykt till Glasriket varje år?

_____

7 For some extra practice why not try the following? Highlight all the pronouns in the long text above (such as the underlined words in Activity J). Identify which of the pronouns used in the text are presented in this unit and check that you understand them all in their context. If you still have doubts about the usage of certain pronouns, try to find examples when they are used in different contexts, for example with the help of a search engine on the Internet.

Vocabulary

L Write the appropriate word from the text in the correct form.

1 Ett glas som man har format med munnen är _____ .

2 Småland är ett av Sveriges 25 _____.

3 I en _____ växer det många träd.

4 Det finns glass i olika _____, till exempel pistage, choklad och vanilj.

5 En plats som många turister åker till är ett _____.

6 Museet är öppet för _____ alla dagar klockan 10.00 till 17.00.

M Insert the appropriate noun in the correct form, choose from the words in the box.

författare	glasbruk	landskap	mål
nöjespark	sjö	utflykt	värld

1 Idag finns det cirka fjorton aktiva _____ i Glasriket.

2 Disneyland är en _____ som är känd i hela världen.

3 Vad har du för _____ med dina studier i svenska?

4 Hur många länder finns det i _____ ?

5 På söndagen gjorde familjen en _____ till Astrid Lindgrens värld.

N Write synonyms to the following words. You will find the answers in the text.

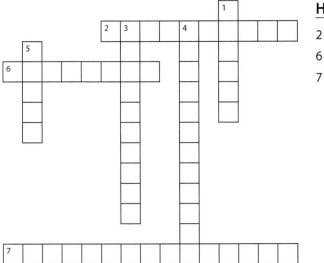

Horisontell		Vertikal	
2	emigration	1	testar
6	till försäljning	3	producerar
7	till exempel	4	förstås
		5	atmosfär

 # Writing

O Use the webpage about Småland as a model and write a web page about one or more tourist attractions that you have been to (50–80 words).

Study a little bit at a time and often rather than a lot in one go. You learn more if you study for an hour every day than if you study seven hours one day a week. However, all time you dedicate to learning is of course well-used!

Self-check

Tick the box which matches your level of confidence.

1 = very confident   2 = needs more practice   3 = not confident

Kryssa i rutan som passar in på dig.

1 = mycket säker   2 = behöver öva mer   3 = inte alls säker

	1	2	3
Using the Swedish equivalents of *no one, nothing, any, such,* etc., in context.			
Talking and writing about what I or someone else *hasn't got,* e.g. in my/their home.			
Describing a tourist attraction.			
Talking and writing in Swedish using a variety of different pronouns in different forms.			

Barnet är svenskt

The child is Swedish

In this unit you will learn how to:

- ✓ Describe things known and unknown to a listener or a reader
- ✓ Describe things specific to a culture
- ✓ Use the different forms of adjectives and nouns in Swedish

CEFR: Can understand texts that consist mainly of high frequency everyday or job-related language (B1); Can write simple connected text on topics which are familiar or of personal interest (B1).

 A **Read the sentences below. Can you figure out when and why the different forms** *svensk,* *svenskt* **and** *svenska* **are used?**

Jag gillar Sverige. Jag har en *svensk* bil och jag dricker alltid *svenskt* öl. Dessutom älskar jag *svenska* köttbullar!

Singular		Plural
En-words	Ett-words	
en *rolig* dag	ett *roligt* barn	många *roliga* dagar/barn
någon *rolig* dag	något *roligt* barn	några *roliga* dagar/barn
ingen *rolig* dag	inget *roligt* barn	inga *roliga* dagar/barn
vilken *rolig* dag	vilket *roligt* barn	vilka *roliga* dagar/barn
		flera *roliga* dagar/barn
		alla *roliga* dagar/barn
		andra *roliga* dagar/barn
min *roliga* dag	mitt *roliga* barn	mina *roliga* dagar/barn
Lisas *roliga* dag	Lisas *roliga* barn	Lisas *roliga* dagar
samma *roliga* dag	samma *roliga* barn	samma *roliga* dagar/barn
nästa *roliga* dag	nästa *roliga* barn	nästa *roliga* barn/dagar
den *roliga* dagen	det *roliga* barnet	de *roliga* barnen
den här *roliga* dagen	det här *roliga* barnet	de här *roliga* barnen
den där *roliga* dagen	det där *roliga* barnet	de där *roliga* barnen

Meaning and usage

Adjectives + nouns

It is important to learn to distinguish between the different forms of nouns and adjectives and to be able to use them correctly. However, this is not very complicated for English speakers since the forms are used in much the same way in Swedish and English.

B Look at the examples in the table on the previous page and answer the questions.

1 Vilka former av adjektivet och substantivet används efter orden *en, ett, ingen, någon, annan, och vilken?*

_____

2 Vilka former av adjektivet och substantivet används efter possessiva pronomen, genitiv eller orden *samma* och *nästa?*

_____

3 Vilka former av adjektivet och substantivet används efter *den, den här* och *den där?*

_____

Using the indefinite form with nouns and adjectives

The indefinite forms of nouns and adjectives, as well as the indefinite articles **en** and **ett,** are used when something is mentioned for the first time and is introduced to the reader or listener.

Jag har *en grön väska.* *(I have a green bag.)*	singular
Det **är** *kallt* **i Sverige på vintern.** *(It's cold in Sweden in the winter.)*	singular
Jag har *många gröna väskor.* **/ Jag minns** *många kalla vintrar.*	plural

In Unit 5 **bra, kul** *and* **rosa** *were mentioned as examples of adjectives with only one form. Other examples of common adjectives that never change form are* **medelålders** *(middle-aged),* **fel** *(wrong) and* **sakta** *(slow). Compare:* **De** *medelålders* **kvinnorna körde** *sakta* **och** *fel. (The middle-aged women drove slowly and the wrong way.)*

De *gamla* **kvinnorna körde** *snabbt* **och** *snyggt. (The old women drove fast and nicely.)*

C Complete the sentences. Write the adjective and the noun in the correct indefinite form. Add an indefinite article (en / ett) when necessary.

1 Jag köpte *en bok* igår. Den var *dyr*. (bok, dyr)

2 Sonja köpte _____ i torsdags. Det är _____. (paraply, grön)

3 Irma har köpt _____. (ny, soffa)

4 Ulla köper fem _____. (gul, blomma)

5 Lars dricker _____. (grön, te)

6 De äter många _____. (stor, smörgås)

In some cases, the indefinite form of the noun is used without the indefinite articles **en** or **ett**. This·is the case after the verbs **är** and **blir** before a noun that signifies:

1 **profession:** Alma är läkare. *(Alma is a doctor.)*

2 **nationality:** Jag är dansk. *(I'm Danish.)*

3 **religion:** Han är katolik. *(He is Catholic.)*

If an adjective is inserted in these cases, the indefinite article must be used: **Alma är *en* snäll läkare.** *(Alma is a kind doctor.)* **Jag är *en* snäll dansk.** *(I am a kind Dane.)* **Han är *en* snäll katolik.** *(He is a kind Catholic.)*

4 **means of transport:** Jag åker buss varje dag. *(I go by bus every day.)*

5 **uncountables (see Unit 4):** Vi måste köpa mjöl och mjölk. *(We have to buy flour and milk.)*

D Choose the correct alternative.

1 Min pojkvän är _____.

   a en fotograf   b fotograf   c fotografen

2 Min dotter har_____ som heter Alma.

   a en trevlig lärare   b trevlig lärare   c trevliga lärare

3 Jag åker ofta_____.

   a ett tåg   b tåg   c tågen

4 Jag har en kompis som heter Greg. Han är_____.

   a indier   b en indier   c indierna

5 I går åt jag_____ och kyckling.

   a ett ris   b ris   c riset

Using the definite form with nouns and adjectives

1 When a noun in the definite form appears together with an adjective, a definite article is added. In this case the definite form is marked three times. This 'triple definition' is very rare in languages other than Swedish:

Hon köper en ny bil. *Den nya bilen* **är röd.** (*She is buying a new car. The new car is red.*)

Han köper ett nytt skåp. *Det nya skåpet* **är rött.** (*He is buying a new cupboard. The new cupboard is red.*)

De köper några nya skåp. *De nya skåpen* **är röda.**

Similarly, after the demonstrative pronouns **den här, det där, de där,** etc., both the adjective and the noun appear in definite form: *Den här gula bussen* **går till centrum.** (*This yellow bus goes to the centre.*)

2 The definite form is also used to describe something of which only one of its kind exists, even if it is not previously mentioned (for example, the sun, the moon, the universe, etc.).

Solen **skiner.** (*The sun is shining.*) *Den svenska finansministern* **är upptagen.** (*The Swedish Chancellor is busy.*)

E **Complete the sentences. Write the given nouns and adjectives in the correct definite form. Add a definite article (***den/det/de***) when necessary.**

1 Kan du vara snäll och öppna *den gröna dörren*? (grön, dörr)

2 I _____ Trondheim bor många studenter. (norsk, stad)

3 Varifrån kommer den där _____? (röd, väska)

4 Vad heter _____ på Kungsgatan? (ny, hotell)

5 Vems är den där _____? (gul, hatt)

Talking about something specific

F **Try to explain the forms of the underlined nouns in the following sentences.**

I dag klär jag på mig min gula *tröja*, mitt röda *skärp* och mina gröna *byxor*. Nästa *vecka* ska jag ha samma *kläder*.

The definite form of the adjective + the indefinite form of the noun is used after **possessive pronouns** (e.g. **min – mitt – mina**) and genitives or possessives (e.g. **Lisas**), **samma** and **nästa**. It is important to distinguish between form and meaning. Although the form of the noun is indefinite, the meaning is definite as in the following example, where there is no doubt which kids the speaker is talking about: **Jag älskar mina roliga barn.** (*I love my funny kids.*)

*The definite ending form of adjectives is, as you have seen, always -**a**. But adjectives that refer to males can occasionally end in -**e** instead of -**a**. Thus both **den lilla pojken** (the little boy) and **den lille pojken** are correct expressions, while there is no alternative form for the adjective in **den lilla flickan** (the little girl).*

G Complete the sentences with the correct forms of the adjectives and nouns.

1 Du får inte köpa den här *dyra jackan*. Den kostar för mycket. (dyr, jacka)

2 Har du sett Annas _____ ? (grön, blus)

3 I kväll ska jag träffa några _____. (trevlig, kompis)

4 Jag mejlar ofta till mina _____. (rik, kusin)

5 Finns det några _____ i Göteborg? (billig, hus)

6 Jag vill prata med killen med det _____. (röd, hår)

Using adjectives after the verbs är and blir

When an adjective comes after **är** or **blir**, it agrees with the noun which is the subject. The forms in this position are always indefinite – that is, the same as when the adjective goes before an indefinite noun: **Jag dricker ett *ungt* vin.** / **Vinet är *ungt*.**

singular: **Maten är *klar*.** *(The food is ready.)* **Barnet är *finskt*.** *(The child is Finnish.)*

plural: **Demonstranterna blev *arga*.** *(The demonstrators got angry.)*

H Insert the adjective in the correct form.

1 ung: Tjejen är *ung*. Vinet är *ungt*. Killarna är *unga*.

2 snäll: Magnus är alltid_____. Är alla svenskar _____ ?

3 gammal: Mina föräldrar börjar bli _____. Vårt hus är _____.

4 mörk: Är inte det här fotografiet _____? Det är _____ ute nu.

5 brun: Äpplet har blivit _____. Fåtöljerna är _____.

Nouns with vowel change

A small group of common nouns change their vowel in the plural. They usually take the ending **-er**. For example:

tand *(tooth)* ⟶ **tänder** *(teeth)*

I Match with the correct translation.

son	stripe	brother	country	member
night	daughter	hand	town	book
root	beach	foot	farmer	tooth
man				

a

en hand   **händer** 1_____

ett land   **länder** 3_____

en man   **män** 5_____

en natt   **nätter** 7 *a night, nights*

en rand   **ränder** 9_____

en stad   **städer** 11_____

en strand   **stränder** 13_____

en tand   **tänder** 15_____

o

en bok

en bonde

en bror

en dotter

en fot

en ledamot

en rot

en son

ä

ö

böcker 2 _____

bönder 4 _____

bröder 6_____

döttrar 8_____

fötter 10_____

ledamöter 12 _____

rötter 14_____

söner 16_____

J Write noun phrases like the examples below. Match the nouns from activity I above with the words from the list.

en	ett	den	det	de
min	mitt	mina	de	dem
deras	många	gammal	intelligent	kall
liten	modern ny	stor	trött	varm

Exempel:

en liten fot   mina stora fötter   de varma fötterna

K Match the correct translations.

1 **blandar** *blandade blandat*   **a** *taste*

2 **dosa** *-n dosor*   **b** *wet*

3 **förbjuder** *förbjöd förbjudit*   **c** *mix*

4 **hälsorisk** *-en -er*   **d** *cultivate*

5 **odlar** *odlade odlat*   **e** *journey*

6 **smak** *-en -er*   **f** *box*

7 **resa** *-n resor*   **g** *forbid*

8 **våt** *-t -a*   **h** *health hazard*

 # Reading

Here are some words from the text below.

snus	*a moist kind of tobacco placed under the lip for extended periods of time*
läpp	*lip*
framställer	*produce*
vanlig	*common*

L **Read the beginning of a web page below and then answer in Swedish this question: I vilka EU-länder är det tillåtet att köpa snus?**

 www.webpagerealia.com

Snus

När man talar om saker som är typiskt svenska brukar man nämna snus. Man måste vara över 18 år för att köpa snus i kiosken, i mataffären eller på internet. Snus finns i många olika smaker som till exempel vanilj, lakrits eller lingon. När man har köpt en dosa snus, öppnar man den och placerar en portion snus under överläppen. I dag är det förbjudet att sälja och köpa snus i alla EU-länder utom Sverige.

M Now read the rest of the text and answer in Swedish the questions that follow.

---

  www.webpagerealia.com

Europas möte med tobak började med Christoffer Columbus resa över Atlanten i slutet av 1400-talet och i Sverige började man odla tobak på 1700-talet. Då började man också blanda tobaksblad med salt och vatten och lägga det under läppen. I början av 1800-talet blev det våta snuset, läppsnuset, populärt, eftersom det var billigare än andra tobaksprodukter. I många svenska städer fanns det fabriker, där man specialiserade sig på att framställa snus.

De svenska emigranterna tog under 1800-talet med sig sina traditioner, bland annat snuset, till Nordamerika. I USA blev det så vanligt att se svenskar som snusade att huvudgatan i de svenskamerikanska stadsdelarna kallades snusboulevarden. Snuset blev en del av amerikasvenskarnas identitet. Snusandet i Sverige slog rekord 1919 då man sålde 7 000 ton snus. Sverige hade då en befolkning på sex miljoner människor, vilket betydde en konsumtion på 1,2 kg/person och år.

Under 1900-talet blev det populärt att röka cigarrer och cigarretter. Då minskade konsumtionen av snus. Men på 1960-talet började man tala om tobaksrökningens hälsorisker, till exempel risken för lungcancer, och då ökade snuskonsumtionen igen. Nu säger forskare att det finns hälsorisker med snuset också.

---

1 När började man snusa i Sverige?

_____

2 Varför blev det våta snuset populärt i början av 1800-talet?

_____

3 Vad var snusboulevarden för någonting?

_____

4 Hur stor var Sveriges befolkning år 1919?

_____

5 Varför minskade snuskonsumtionen under första halvan av 1900-talet?

_____

6 När började man tala om risken för lungcancer i samband med tobaksrökning?

_____

7 For some extra practice why not try the following? Examine the forms of adjectives and nouns in the text. Imagine a situation where you have to explain the different forms to a person who did not study Swedish grammar. Would you be able to do that?

Vocabulary

N   Complete each sentence below with the correct word.

1 Deras _läppar_ möttes i en lång kyss.

    a dosor   b resor   c läppar

2 Om man inte röker minskar _____ för lungcancer.

    a saltet   b vattnet   c risken

3 I Sverige är _____ av kaffe och choklad mycket hög.

    a konsumtionen   b emigrationen c rekordet

4 Hur stor del av Storbritanniens _____ bor i London?

    a befolkning   b emigration   c fabrikation

5 Hur många kilo är ett _____?

    a tobaksprodukt   b ton   c miljon

6 Tycker du att boxning är en _____?

    a konsumtion   b identitet   c sport

O **For each group of words, identify the odd one out.**

1 snus, dosa, cigarr, cigarrett

2 huvudgata, kiosk, affär, butik

3 mun, läpp, mage, kind

4 framställer, konsumerar, gör, producerar

5 farlig, säljer, populär, våt

Retell the text from activities L and M to yourself or to someone else in Swedish. Try to use as many of the new words as possible. Make this a habit when you read texts in Swedish.

Writing

P **Write a text about something that is typical or iconic for the country that you come from. Use the web page about Snus in activies L and M as a model (50–80 words).**

Self-check

Tick the box which matches your level of confidence.

1 = very confident 2 = needs more practice 3 = not confident

Kryssa i rutan som passar in på dig.

1 = mycket säker 2 = behöver öva mer 3 = inte alls säker

	1	2	3
Talking and writing about things known and unknown to a listener or a reader.			
Describing things specific to a culture.			
Being able to explain the similarities and differences between English and Swedish regarding how to use the different forms of adjectives and nouns.			

13 Vikingarna
The Vikings

In this unit you will learn how to:

✓ Describe past events

✓ Conduct an interview with a stranger in Swedish

✓ Describe some specific historic facts using a variety of regular, strong and irregular verbs

CEFR: Can understand the description of events (B1); Can write about past events (A2); Can write a description of an event – real or imaginary (B1).

Group 4: Strong verbs				
Imperativ	**Infinitiv**	**Presens**	**Preteritum**	**Supinum**
		i	a	u
drick!	dricka	dricker	drack	druckit
vinn!	vinna	vinner	vann	vunnit
		i	e	i
skriv!	skriva	skriver	skrev	skrivit
sprid!	sprida	sprider	spred	spridit
		u/y	ö	u
bryt!	bryta	bryter	bröt	brutit
sjunk!	sjunka	sjunker	sjönk	sjunkit

Meaning and usage

Verb group 4 and irregular verbs

The Swedish verbs in what we call group 4 are considered *strong verbs* (**starka verb**). For these, the vowel changes in the past and in the supine form. Meanwhile, irregular verbs do not follow any specific conjugation patterns. Look at the list of strong verbs above. Notice that the vowels change between the **presens, preteritum**, and **supinum**:

Jag *dricker* vin. *(I drink wine.)*

Jag *drack* vin till maten. *(I drank wine with dinner.)*

Jag har _druckit_ ett par glas vin den här veckan.
(I have drunk a few glasses of wine this week.)

A Complete the chart with missing verb forms. Then add the English translation. Choose from these words: *crawl, fly, invite, lie, sing, tie.*

Presens	Preteritum	Supinum	English
u/y	ö	u	
bjuder	*bjöd*	*bjudit*	*invite*
flyger			
knyter			
kryper			
ljuger			
sjunger			

> As you have seen in Unit 3, verbs in groups 1, 2 and 3 are regular. They are also called weak verbs in contrast with the verbs in group 4, which are called strong verbs (**starka verb**). Weak verbs are those that form their past tenses by adding an ending to the stem: **jobba** → **jobbade.** It could be a good idea to quickly review Unit 3 before you continue into this unit.

The present, past and supine forms of verbs in group 4

The verbs in this group end with **-a** in infinitive and **-er** in the present tense. In the past tense, no ending is added, but in the supine, just add **-it**. One important thing to remember is that in the past tense and supine for **starka verb**, the stem vowels change. Some of these verbs correspond to strong verbs in English, often with similar changes in form:

vinner – vann – vunnit *(win – won – won)*

skriver – skrev – skrivit *(write – wrote – written)*

sjunker – sjönk – sjunkit *(sink – sank –sunk)*

The vowel changes follow different patterns. The three patterns above are the most common ones.

As can be seen from the examples on the previous page, the imperative, infinitive and the present forms are the same as for regular verbs in groups 1-3. Present, past and supine forms are called the principal parts of the verb (**verbets tema**). These are best learnt by heart along with the meaning. To be more efficient, it is a good idea to learn several verbs within a group at the same time.

B Write the English translation. Choose from the following words:
sit, enjoy, hit, shine, turn, get done/have time.

1 **skiner – sken – skinit** _____   4 **hinner – hann – hunnit** _____

2 **vrider – vred – vridit** _____   5 **sitter – satt – suttit** _____

3 **slår – slog – slagit** _____   6 **njuter – njöt – njutit** _____

You have certainly already encountered some Swedish words which do not have an exact equivalent in English. One of these words which is used a lot in Swedish, is **hinner** *(reach, manage, have time). You learn to use words like* **hinner** *by observing them in different contexts, for example:* **Vi hinner inte behandla alla ansökningar.** *(We won't have time to deal with all the applications.)* **Hon hann inte med bussen.** *(She didn't make it to [missed] the bus.)*

C Complete the sentences with the correct form of the following verbs: *skiner, vrider, slår, hinner, sitter, njuter.*

1 Igår _____ jag och studerade hela dagen.

2 Jag har inte _____ repetera alla verbformer. I morgon ska jag studera hela dagen.

3 Många svenskar åker på semester till Kanarieöarna i december, för där _____ solen nästan alltid.

4 Det är inte ovanligt att syskon _____ varandra.

5 Han vände och _____ på problemet men han hittade ingen lösning.

6 Jag _____ inte städa förra veckan, för jag studerade intensivt.

How to use blir (blev-blivit)

The Swedish verb **blir** is not always used in the same way as the English *'be'*.

D **Look at the sentences below. Match the Swedish sentences to the English translations. In what ways do you think we can use** blir **in Swedish?**

1	Vad ska jag bli när jag blir stor?		**a**	*I will be at home tonight.*
2	Jag blev vuxen när jag slutade röka.		**b**	*I got sick on the boat.*
3	Jag blir inte arg!		**c**	*I will not get angry!*
4	Det blir fint väder i morgon.		**d**	*What will I be when I grow up?*
5	Vad blev resultatet?		**e**	*What was the result?*
6	Jag blir hemma ikväll.		**f**	*I became an adult when I stopped smoking.*
7	Jag blev sjuk på båten.		**g**	*It will be nice weather tomorrow.*

E **Use the sentences from Activity D as models and write different kinds of example sentences with blir.**

The present, past and supine forms of short verbs

F **What do the present, past and supine forms of the following two verbs have in common?**

går – gick – gått   står – stod – stått

Short verbs with vowel change				
Imperativ	**Infinitiv**	**Presens**	**Preteritum**	**Supinum**
gå!	gå	går	gick	gått
ge!	ge	ger	gav	gett
se!	se	ser	såg	sett
dö!	dö	dör	dog	dött
stå!	stå	står	stod	stått

In Unit 3 the regular verb groups were presented. Verbs in group 3 are short words ending with a stressed vowel, for exemple **bo** *(live)* and **tro** *(believe)*. There are only a few regular verbs in this group, and they are sometimes called *'short verbs'* **(kortverb).** As you can see from the preceding table, there is also a group of short verbs which change their vowel in the past form.

G **Complete the statements below. Choose an appropriate verb from the table and insert it in the correct form.**

1 I morse vaknade jag tidigt. Jag _____ när solen _____ upp.

2 Alfred Hitchcock lever inte längre. Han _____ 1980.

3 Hur länge har den här statyn _____ här? Jag har aldrig _____ den förr, fastän jag har _____ genom den här parken många gånger.

The present, past and supine forms of irregular verbs

Irregular verbs				
Imperativ	Infinitiv	Presens	Preteritum	Supinum
gör!	göra	gör	gjorde	gjort
ha!	ha	har	hade	haft
lag!	lägga	lägger	la/lade	lagt
sov!	sova	sover	sov	sovit
var!	vara	är	var	varit
(vill!)	vilja	vill	ville	velat

H **Now complete the sentences and questions below. Choose an appropriate verb from the table above and insert it in the correct form.**

1 Hur många timmar _____ du i går natt?

2 Vad _____ ni förra helgen?

3 Maria har aldrig _____ någon bil.

4 Kan du vara snäll och _____ tillbaka pennan på skrivbordet?

5 Var har du _____? Jag har ringt till dig tusen gånger men ingen svarar.

Some Swedish irregular verbs do not follow any rules. Or there might be a rule that only applies to one or two verbs, so memorizing that rule is of no help to the language learner. Many of these verbs are very common, for example auxiliary verbs like **kan – kunde – kunnat** *(can – could – could)*. Some of them look like the verbs of group 4, but there are more irregularities than just a change of vowel in the past and supine forms. The best way to learn these verbs is to memorize their specific conjugations.

 I **Fill in the missing verb forms.**

Present	Past	Supine	English
kan	kunde	kunnat	*can*
kommer			*come*
		stulit	*steal*
säger			*say*
	visste		*know*
väljer			*choose*

J Complete the sentences. Choose one of the irregular verbs above and insert it in the correct form.

1 Varför har du inte _____ att du inte kan komma imorgon?

2 Igår _____ någon min cykel, så nu måste jag promenera till jobbet.

3 Vilken restaurang _____ ni igår? Gick ni på den grekiska eller den skotska?

4 Min syster _____ inte vad Finlands huvudstad heter. Hon är dålig på geografi.

5 Våren har _____! Nu blommar krokusen och vitsipporna!

Verbs that 'contain' a group 4 verb or an irregular verb

Some verbs 'contain' a group 4-verb or an irregular verb. If you know the verb forms of a group 4 or
an irregular verb, for example **bryter – bröt – brutit** *(break)*, you also know the forms of the verb that
'contains' it: **avbryter – avbröt – avbrutit** *(interrupt)*. Here are some other examples of this type of verb:

K Try to complete the table below with the missing patterns.

Imperative	Infinitive	Present	Past	Supine
anse!	anse	anser		ansett
avbryt!	avbryta		avbröt	avbrutit
behåll!		behåller	behöll	behållit
fortsätt!	fortsätta		fortsatte	fortsatt

L Fill in the missing verb forms.

Present	Past	Supine	English
anfaller	anföll	anfallit	*attack*
avgör			*decide, settle*
		bedragit	*deceive*
deltar			*participate*
	förbjöd		*forbid*
förstår			*understand*

**M Complete the sentences and questions. Choose one of the verbs from the table above and
insert it in the correct form.**

1 Vi har _____ vår son att dricka alkohol. Han måste vänta tills han fyller 15 år.

2 Varför _____ inte alla länder i vinter-OS?

3 Englands bästa spelare _____ fotbollsmatchen med ett mål i den 87:de minuten.

4 Har du _____ reglerna för adjektivets olika former?

5 Martin är en trogen man. Han har aldrig _____ sin fru.

Verbs ending with -ar (group 1 verbs) in the present tense are always regular. About two thirds of all Swedish verbs belong to this group. Group 1 is also the only verb group that takes in new verbs, for example: **mejlar** *(email),* **piercar** *(have a body part pierced),* **älgar** *(when you walk fast or run, looking like an elk).*

 # Reading

Here are some words from the text below.

skicklig	*skilful, competent*
hantverkare	*craftsman, artisan*
upptäcktsresande	*explorer*
gemensam	*common*
troligtvis	*probably*

N Read the beginning of a web page about the Vikings below and then answer in Swedish this question: Vad betyder ordet 'viking'?

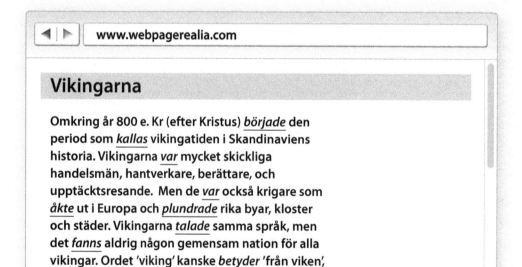

www.webpagerealia.com

Vikingarna

Omkring år 800 e. Kr (efter Kristus) *började* den period som *kallas* vikingatiden i Skandinaviens historia. Vikingarna *var* mycket skickliga handelsmän, hantverkare, berättare, och upptäcktsresande. Men de *var* också krigare som *åkte* ut i Europa och *plundrade* rika byar, kloster och städer. Vikingarna *talade* samma språk, men det *fanns* aldrig någon gemensam nation för alla vikingar. Ordet 'viking' kanske *betyder* 'från viken', alltså någon som *bodde* vid vikar och fjordar.

O Now read the rest of the web page and answer in Swedish the questions that follow.

www.webpagerealia.com

Birka

Vikingarna bad till gudar som kallas för asar. Den största guden hette Oden. Han bestämde vilka av dem som dog som skulle få sitta i hans sal Valhall och festa hela dagarna. En evig fest med Oden var alltså vikingarnas dröm om paradiset. Den populäraste guden var troligtvis Tor. Han hade makt över åskan och många vikingar bar ett halsband med Tors hammare. Genom riter och olika ceremonier kunde människorna kommunicera med gudar och andra makter.

Under hela vikingatiden var Birka på ön Björkö i Mälaren den viktigaste staden. Där hade man byggt en stor hamn och dit reste människor från hela Europa för att göra affärer med vikingarna. År 825 kom den kristne munken Ansgar till Birka från Frankrike. Han startade sitt missionsarbete och vikingarna började konvertera från asatron till kristendomen. Ansgar skrev också om det han upplevde i Skandinavien och tack vare honom vet vi mycket om hur det såg ut i Birka.

Vikingarnas runstenar fungerade som en typ av annonspelare. De spred bilder och information till dem som passerade. Ofta är det släktingar till en död person som har beställt texterna på stenarna, men de skrev inte själva. Det fanns specialiserade runristare som reste runt och ristade stenar. Ibland kan texterna på runstenarna vara poetiska som till exempel på den berömda Gripsholmsstenen.

1 Hur såg vikingarnas dröm om paradiset ut?

_____

2 Vilken gud hade makt över åskan?

_____

3 Var ligger Birka?

_____

4 Vem var Ansgar?

_____

5 Vem kunde skriva på runstenarna?

_____

 6 For some extra practice highlight all the verbs in the long text and identify where the verb belongs to group 4 or is irregular. Write a verb list and then use the verbs in your own sentences.

Vocabulary

P Complete the crossword puzzle with synonyms to the following words. You will find the answers in the text.

Horisontell

1 party

5 åker förbi

7 då och då

Vertikal

2 börjar

3 känd

4 köpman

6 duktig kunnig

Q **Choose the alternative that makes sense in the context.**

1 Vasco da Gama hade en lång karriär som _____.

   a upptäcktsresande   b hantverkare   c handelsman

2 Det kommer _____ att regna i morgon.

   a vanligtvis   b troligtvis   c rättvis

3 I Skottland kan man _____ fyra årstider samma dag.

   a uppleva   b uppskatta   c uppvigla

4 Många båtar lägger till i Göteborgs stora _____.

   a stad   b fjord   c hamn

5 Tors symbol är en _____.

   a halsband   b hammare   c hamn

6 Jag har bjudit alla mina _____ på mitt 50-årskalas.

   a hantverkare   b ceremonier   c släktingar

R **Write the appropriate word from the text in the correct form.**

1 Elektriker och målare är exempel på _____.

2 Kusiner och mostrar är exempel på _____.

3 Många gifta par har _____ ekonomi.

4 En _____ är en lång och smal havsvik.

5 En president har mycket _____.

 # Writing

S Imagine you are a journalist and you take a trip back in time. You have a chance to interview a real Viking! Write your interview in Swedish (50–80 words).

 Some scientists suggest that memory is coloured by location, which would mean that changing the place where you study increases the likelihood of remembering what you've learned.

Self-check

Tick the box which matches your level of confidence.

1 = very confident   2 = needs more practice   3 = not confident

Kryssa i rutan som passar in på dig.

1 = **mycket säker**   2 = **behöver öva mer**   3 = **inte alls säker**

	1	2	3
Talking and writing about past events.			
Conducting an interview with a stranger in Swedish.			
Describing some specific historical facts using a variety of regular, strong and irregular verbs.			

14 Cyklar säljs här

Bikes are sold here

In this unit you will learn how to:

✓ Write a short piece of news using the passive voice

✓ Describe reciprocal actions

✓ Describe an accident

✓ Understand and use constructions with the passive voice

CEFR: Can recognize significant points in straightforward newspaper articles on familiar subjects (B1); Can write clear, detailed text on a wide range of subjects related to his interests. (B2)

There are several types of verbs that end in **-s** in Swedish. It is important to know how they function in a sentence.

1 S-passiv *(passive)*

passiv	aktiv
Kassan öppnas klockan 10.00.	Man öppnar kassan klockan 10.00.
Kassan ska öppnas klockan 10.00.	Man ska öppna kassan klockan 10.00.
Kassan öppnades klockan 10.00.	Man öppnade kassan klockan 10.00.
Kassan har öppnats klockan 10.00.	Man har öppnat kassan klockan 10.00.

2 Deponens *(deponent)*

(**Note: Deponens** is a label used to describe active verbs which always take an **-s** ending.)

Det finns många gator i Stockholm och jag hoppas att du lyckas hitta mig.

3 Reciproka verb *(reciprocal verbs)*

Vi träffas varje helg och då brukar vi kramas och kyssas.

 A Choose the correct translation from the box below. Notice that these are s-passiv *(s-passive)*, **deponens** *(deponent)*, **and reciproka** *(reciprocal)* **verbs using -s.**

The pie is heated in the oven for 20 minutes.	*The ambulance was alerted at midnight.*
There are no lions in the Swedish forests.	*Anders and Lina met on the platform.*
She sweats a lot when she is working out at the gym.	*See you tomorrow!*
The car was stopped at the border.	*We hope it will not start raining.*

1   Anders och Lina _möttes_ på perrongen. (Reciproka)

     English: _Anders and Lina met on the platform._

2   Vi _hoppas_ att det inte ska börja regna. (Deponens)

     English: _____

3   Pajen _värms_ i ugnen i 20 minuter. (S-passiv)

     English: _____

4   Vi _ses_ i morgon! (Reciproka)

     English: _____

5   Bilen _stoppades_ vid gränsen. (S-passiv)

     English: _____

6   Hon _svettas_ mycket när hon tränar på gym. (Deponens)

     English: _____

7   Ambulansen _larmades_ vid midnatt. (S-passiv)

     English: _____

8   Det _finns_ inga lejon i Sveriges skogar. (Deponens)

     English: _____

Meaning and usage

Verbs ending in -s

1   **Passive:** Often the subject in a sentence is active and carries out the action which the verb describes, for example, **Jag läser.** _(I'm reading.)_ Nevertheless, in some cases, when the focus is on the action, it is not important to know who does, did or has done something. In those cases the passive voice can be used:

Tjuven greps (av polisen). _(The thief was caught [by the police].)_

To make a passive sentence active, **man** is often used as the subject:
→ **Man grep tjuven.**

The passive form is often used in newspapers, in instructions and on signs. Typical passive forms on signs include the following:

Här säljs tidningar. _(Newspapers are sold here.)_

Frukost serveras 7.00–10.00. _(Breakfast is served 7.00–10.00.)_

 The passive can be expressed in two ways in Swedish: the **s**_-passive or the verb_ **bli** _together with a past participle. (Past participles will be covered in Unit 16.)_ **Frågan diskuterades.** = **Frågan blev diskuterad.** _(The matter was being discussed.) The two ways of expressing the passive are often used interchangeably, though the_ **s**_-passive is more common._

2   **Deponent:** A small number of verbs always have the **-s** form, but without a passive function. These verbs are therefore active. There is nothing special about these verbs other than the **s**-ending:

Jag minns inte alla grammatikreglerna. *(I don't remember all the grammar rules.)*

Jag hoppas att du blir inte sjuk. *(I hope that you don't get sick.)*

3   **Reciprocal:** Another small group of verbs that end with an **-s** are reciprocal verbs, in which two subjects perform the verb's actions to, with, or on each other. This, clearly, can only be done when the subject is plural:

Vi kramas alltid när vi träffas. *(We always hug [each other] when we meet [each other].)* **Den första april luras alla.** *(On the first of April everyone fools each other.)*

Most of these verbs also exist without the **s**-ending:

Vi kramar alltid varandra när vi träffar varandra. Alla lurar varandra den första april.

Varandra, *or* **varann**, *its colloquial form, is a reciprocal pronoun usually translated in English by 'each other', or 'one another'.* **Elsa och jag kände inte varandra för tio år sedan.** *(Elsa and I didn't know one another ten years ago.)* **De lyssnade på varandras problem.** *(They listened to each other's problems.)* As you can see from the examples above, **varandra** becomes redundant and is omitted after reciprocal verbs like **kramas**.

How to form s-verbs

Group	Active	Passive			
	present	infinitiv	present	preteritum	supinum
		+ s	(-ar) → -as	+ s	+ s
1	reparerar	repareras	repareras	reparerades	reparerats
			(-er) → -s		
2A	stänger	stängas	stängs	stängdes	stängts
2B	läser	läsas	läses	lästes	lästs
			(-r) → -s		
3	syr	sys	sys	syddes	sytts
4	stjäl	stjälas	stjäls	stals	stulits

Passive and reciprocal verbs are formed by adding **-s** to the active verb form. (**Note:** In group 1, the present passive ending is **-as**, and in group 2B if the stem ends in **-s**, the passive present ending is **-es**.)

B   Complete with the missing verbs. The number refers to the verb group that the verb belongs to.

Presens	Presens, passiv	Preteritum, passiv	Supinum, passiv
(2B) **möter**	möts	möttes	mötts
(2A) **stänger**			
(1) **jagar**			
(4) **skriver**			
(3) **klär**			

C **Complete with the correct passive form of the given verb.**

1 Paketet kan *hämtas* på Posten. (hämtar)

2 Frågan ska _____ i kväll. (diskuterar)

3 Huset har _____ på rekordtid. (bygger)

4 Hans sång _____ i konserthuset i går kväll. (applåderar)

5 Porten _____ klockan 23.00. (stänger)

6 Museet _____ av kungen igår. (besöker)

D **Change the sentences from passive to active.**

1 Vårt hus byggdes för 50 år sedan.

Man byggde vårt hus för 50 år sedan.

2 Toaletterna städas varje dag.

_____

3 Vitt vin bör serveras kallt.

_____

4 En ny bilmodell presenterades på tevereklamen i går.

_____

5 Lampor säljs till extrapris den här veckan.

_____

E **Change the sentences from active to passive.**

1 Man säljer cyklar här.

Cyklar säljs här.

2 Hur stavar man ditt förnamn?

_____

3 Man måste ställa mjölken i kylskåpet.

_____

4 Man ska koka potatisen.

_____

5 Man kan hämta paket på posten efter klockan 10.

_____

If you examine and compare a bunch of short news items from a daily newspaper, you will discover that they often have an interesting headline + a short first sentence describing what happened + a short background or some details of the incident. You will also notice many examples of the use of s-passive. This is typical of news language. For example: **Två män greps för kidnappning.** *(Two men arrested for kidnapping.)*

F Search for some Swedish news pieces online and look at the language used in them. Write down some examples of the s-passive being used.

Common deponent verbs

 G Remember that deponent verbs in Swedish end in -s, but do not take a passive meaning. Fill in the missing forms. The numbers refer to the verb group that each verb belongs to.

Imperative (= stem)	Infinitive	Present	Past	Supine	English
andas (1)*	andas	andas	andades	andats	*breathe*
finns (4)					*be, exist*
hoppas (1)					*hope*
kräks (2b)					*vomit*
lyckas (1)					*succeed*
låtsas (1)					*pretend*
minns (2a)	minnas	minns	mindes	mints	*remember*
skäms (2a)					*be ashamed*
svettas (1)					*sweat*
syns (2b)					*be seen*
trivs (2b)	trivas	trivs	trivdes	trivts	*enjoy*
åldras (1)					*age, grow old*

H Choose a suitable ending to the sentences from the box.

> ... du koncentrerar dig.
>
> ... grammatikreglerna som de lärde sig igår.
>
> ... min syster klarar körkortsprovet på måndag.
>
> ... Sveriges enda chokladmuseum.
>
> ... sin fula gamla cykel.
>
> ... man gråter när man har solglasögon.

1 I Malmö finns *Sveriges enda chokladmuseum.*

2 Det syns inte att _____.

3 Du kommer att lyckas med studierna om _____.

4 Jag hoppas att _____.

5 Leif skämdes över _____.

6 De minns inte _____.

I **Complete the sentences with the appropriate verb in the correct form from the box.**

kräks	åldras	trivs	finns
skäms	andas	låtsas	

1 Barnen lekte. De *låtsades* att de var en familj.

2 Han drack en flaska vodka. Sedan började han _____.

3 _____ du genom näsan eller munnen?

4 I Göteborg _____ det flera museer och teatrar.

5 Jag _____ för att jag inte kan sluta röka.

6 Min moster har _____ som ett fint vin.

7 Jag _____ inte på mitt gamla jobb.

📖 Reading

Here are some words from the text below.

flyttar	move (e.g., to a new home)
kylskåp	refrigerator
består av	consist of
krockar	run/crash into
plötsligt	suddenly

J **Read the paragraph below and then answer in Swedish this question: Var ska familjen ha sin flyttfest om solen skiner nästa helg?**

Familjen Eriksson flyttade förra veckan. Deras gamla villa i Örebro har *sålts* och de har flyttat in i en lägenhet i Uppsala. De kommer säkert att *trivas* i sin nya lägenhet, men nu är det mycket som måste *göras*. Hela lägenheten behöver *städas*. Det finns ingen mat i kylskåpet, så någon måste gå till mataffären. Nästa helg planerar familjen att ha en flyttfest. De *hoppas* att det blir fint väder, så att de kan sitta ute i trädgården.

K   Now read the rest of the text and answer in Swedish the questions which follow.

Familjen Eriksson består av mamma Agnes och pappa Martin och deras 14-åriga son Emil. De sitter i köket och pratar om festen när telefonen ringer. Det är Emils mormor, Irene, som berättar att hon är på sjukhuset. Emil frågar vad som har hänt och mormor säger att hon inte minns. Hon vet att hon körde motorcykel och krockade med en bil. Sedan kräktes hon och svimmade. När hon vaknade låg hon i en ambulans och hade svårt att andas och hon svettades mycket. Men nu mår hon bättre.

Agnes pratar med sin mamma i telefon och frågar vad läkarna säger. Irene berättar att hon har röntgats flera gånger. På röntgenbilderna syntes det att hon har brutit benet. Det gör ont när hon andas och läkarna tror att revbenen har skadats också. Agnes frågar vilken avdelning Irene ligger på.

'Ortopedavdelningen', svarar Irene och skrattar plötsligt. 'All personal är underbar så du behöver inte oroa dig. Det är som att bo på ett dyrt lyxhotell. Jag hoppas att jag får stanna här länge.'

Martin tycker att det är tråkigt att hans svärmor inte kan komma på flyttfesten. Det är alltid så roligt att träffa henne. De trivs väldigt bra tillsammans Martin och Irene. Det blir en ganska enkel fest nästa helg, men det är en del som måste förberedas. Agnes ska fixa välkomstdrinkarna så hon måste handla på Systembolaget.

Martin planerar att laga en fiskgryta för då kan mycket förberedas några timmar innan. Precis före festen värms grytan upp igen, den färska fisken läggs i och får sjuda några minuter. Strax före serveringen lägger man skalade räkor i grytan, och finklippt dill strös över det hela.

1   Hur många barn har Agnes och Martin?

_____

2   Varför är Irene på sjukhuset?

_____

3   Hur mådde Irene när hon låg i ambulansen?

_____

4   Hur trivs Irene på sjukhuset?

_____

5   Varför ska Agnes handla på Systembolaget?

_____

6   Vad ska Martin förbereda inför festen?

_____

   7   For some extra practice why not try the following? Highlight all the verbs ending in -s in the long text above (as done in Activity J). Look at the verbs and identify which are in the passive. Change the sentences with passive verbs to active.

Vocabulary

L Write the opposite of the following adjectives from the text.

1 rolig *tråkig*

2 ful _____

3 komplicerad _____

4 ny _____

5 billig _____

6 rutten _____

M Choose the word or expression which means the same as the phrase in italics.

1 Vad ska du göra nästa *helg*?

  a vardag   b veckoslut   c höst

2 Jag *minns* inte alla ord som jag repeterade igår.

  a kommer upp   b kommer igen   c kommer ihåg

3 Jag har aldrig *svimmat* hos tandläkaren.

  a borstat   b tappat minnet   c förlorat medvetandet

4 De har en *underbar* utsikt från sitt vardagsrumsfönster.

  a fantastisk   b krånglig   c festlig

5 Äggen ska *sjuda* i tio minuter.

  a småkoka   b steka   c koka över

N Fill in the words that are missing. You do not need to change any endings.

trädgården	avdelning	plötsligt
förbereder	består	trivs

1 Vilken _____ arbetar din bror på?

2 _____ du på ditt nya jobb?

3 _____ ringde det på dörren.

4 Textboken _____ av tio långa kapitel.

5 Skådespelaren _____ sig för att gå upp på scenen.

6 De har flyttat till en lägenhet för de tycker inte om att jobba i _____.

O   Make a list of the words from the text that relate to health and health care.

Substantiv	Verb
ett sjukhus	

What does it mean to 'know a word?' Does it mean:

a I understand the word.
b I can spell the word.
c I can explain what the word means.
d I know synonyms and opposites to the word.
e I can use the word in the right context.

Or does it mean something else?

Writing

P   Write a short news article about Emil's grandmother's accident from the text in Activities J and K (50–80 words).

Self-check

Tick the box which matches your level of confidence.

  1 = very confident   2 = needs more practice   3 = not confident

Kryssa i rutan som passar din självuppskattning.

  1 = mycket säker   2 = behöver öva mer   3 = inte alls säker

	1	2	3
Writing a short piece of news using the passive voice.			
Describing reciprocal actions.			
Describing an accident.			
Understanding and using constructions with the passive voice.			

15 Han ser glad ut!

He looks happy!

CEFR: Can understand the main ideas of complex text on both concrete and abstract topics (B2); Can write clear, detailed descriptions, marking relationships between ideas in clear connected text and following established conventions of the genre concerned (B2).

Meaning and usage

Verbs with particles

Many Swedish verbs can be followed by a particle, i.e., a small word which sometimes has a meaning on its own. In combination with a verb, the particle gives the verb a new meaning. Look for example at what happens to the verb **går** when combined with the particle **in**:

går = *walk*, **går in** = *enter*

 A **Look at the particle verbs in the box below. Think about the meaning of the verbs alone, and the particles alone. Can you guess the meaning of each particle verb? Insert the Swedish particle verb next to the correct English translation.**

gå av	gå bort	gå förbi	gå in	gå ner	gå på
gå undan	gå under	gå upp	gå ut	gå åt	gå över

1 _____ *cross, cease, pass*   2 _____ *get off, break, snap*

3 _____ *enter*   4 _____ *pass away, go out (to dinner)*

5 _____ *leave*   6 _____ *walk past, pass*

7 _____ *get on*   8 _____ *be used up*

9 _____ *rise, go upstairs*   10 _____ *descend, go downstairs*

11 _____ *be ruined, go down*   12 _____ *get out of the way*

It can be difficult to guess the meaning of a particle verb (**partikelverb**) since the verb alone has one meaning and the combination with a particle gives another. Therefore it is a good idea to learn the verb + particle as a new word:

1 Verb + 1 particle = 1 meaning	1 Word = 1 meaning
känner + igen = *recognize*	**känner** = *know*
Common particles are for example:	**av, med, om, på, upp, ut:**
Stäng av **datorn!** *(Turn off the computer!)*	**stänger av** = *turn off*
Jag *håller* **inte** *med* **dig.** *(I don't agree with you.)*	**håller med** = *agree*
Kör om **den där lastbilen!** *(Overtake that truck!)*	**kör om** = *overtake*
Vad *håller* **du** *på* **med?** *(What are you doing?)*	**håller på** = *do*
I juni *går* **solen** *upp* **tidigt.** *(In June, the sun rises early.)*	**går upp** = *rise*
Jag *står* **inte** *ut* **med mina grannar.** *(I cannot stand my neighbours.)*	**står ut** = *stand*

When you learn a new verb it is useful to know if it is possible to combine the verb with an object:
Hon slår honom *(She hits him);* or no object: **Jag somnar** *(I fall asleep). It is also helpful to learn which prepositions, if any, can be used in combination with the verb:* **Hon skjuter** *med* **ett gevär** *(She is shooting with a gun),* **Hon skjuter** *älgen* *(She shoots the elk). Also be sure to learn which particles can be combined with the verb to make a* **partikelverb:** **Han skjuter** *på* **bilen.** *(He pushes the car.) You should be able to find this kind of information in a good Swedish-English dictionary.*

Many Swedish particles can also function as prepositions, e.g., **på** is frequently used in both functions. Prepositions combined with a verb never give the verb a new meaning. Particles combined with a verb always give the verb a new meaning. In spoken Swedish, a preposition is always unstressed, while a particle is always stressed. In written Swedish, you can understand from the context:

Vi hälsade på min mamma igår, när vi mötte henne på stan. på = preposition
(We greeted my mother yesterday, when we met her in town.)

Vi hälsade på min mamma igår. Det tog två timmar att resa dit. på = particle
(We visited my mother yesterday. It took two hours to travel there.)

B Which sentences contain a verb + particle, and which contain a verb + preposition?

| De talade om politik. | Tyckte du om filmen? | De går på bussen. | De går på trottoaren. |

| Vad tyckte du om filmen? | Han sätter sig på hatten. | Hon sätter på sig hatten. | Han håller i hatten. |

Verb + preposition	Verb + particle
De talade om politik.	

C Complete the sentences with a partikelverb using går + particle from Activity A. Use the correct form.

1 Det var i tisdags som Fredriks mormor *gick bort* efter en lång tids sjukdom.

2 Titanic _____ den 15 april 1912.

3 Vi brukar _____ bussen vid Stora Torget varje morgon vid sjutiden. Sedan byter vi buss på Storgatan.

4 Hans före detta flickvän blir sur när han _____ utan att hälsa på henne.

5 Nästan all mat på smörgåsbordet _____ . Gästerna måste ha varit väldigt hungriga.

6 Solen _____ tidigt på höstkvällarna i norra Sverige.

Particles and word order

The particle has got its own position in a clause:

	Verb 1	Subjekt	Satsadverb	Verb 2	Partikel	Objekt	Adverb
Jag (subj.)	tycker		inte		om	blodpudding.	
Jag (subj.)	har		alltid	tyckt	om	dig.	
Imorgon	kommer	vi	inte			hem	sent.
Varför	kommer	du	aldrig		hem	till mig?	
	Har	du	verkligen	kommit	ihåg		allt?

As you can see from the table above, a **satsadverb** *(clause adverb)* comes before the particle in a main clause:

                       adverb particle

Varför kommer du *aldrig* *ihåg* min födelsedag? *(Why do you never remember my birthday?)*

In subordinate clauses, the particle always comes directly after its verb:

	Subjekt	Satsadverb	Verb 1	Verb 2	Partikel	Objekt	Adverb	
Jag förstod inte trots att	jag		läste		om	texten	flera	gånger.
Jag förstod inte trots att	jag		hade	läst	om	texten	flera	gånger.

D Correct the sentences by inserting the particle in the correct place.

1 På kvällen brukar jag inte komma förrän klockan åtta. (hem)

2 Igår gick Maria inte på hela dagen. (ut)

3 Jag hoppas att du kommer att ringa till mig ikväll. (ihåg)

4 Vad håller du med? (på)

5 Hon säger att hon brukar gå klockan fem på morgnarna. (upp)

6 Hans fru brukar ofta åka på helgerna. (bort)

E Read the six sentences above with and without particles. Do some of the sentences have a meaning without particles? If they do, what is the difference with and without particle?

F Choose the correct partikelverb from the box.

hålla av	hålla fram	hålla ihop	hålla in	hålla kvar
hålla med	hålla till	hålla tillbaka	hålla upp	hålla ut

1 _____ *agree*

2 _____ *be, hang out*

3 _____ *keep ... back, restrain*

4 _____ *be fond of*

5 _____ *keep, detain, hold*

6 _____ *hold up, cease*

7 _____ *hold out, persevere*

8 _____ *pull in*

9 _____ *hold out*

10 _____ *keep ... together*

G Complete the sentences with a partikelverb from activity F in the correct form.

1 Farfar *håller* mycket *av* sina barnbarn.

2 Tycker du att svenska är svårt? Jag _____ inte _____ om det!

3 Nästa år har mina föräldrar _____ i 20 år och jag har nästan aldrig hört dem gräla!

4 Ungdomarna _____ ofta _____ i parken på somrarna.

5 När jag var liten _____ läraren ofta _____ mig i klassrummet.

6 Det har regnat sedan i morse, men just nu _____ det _____.

Ser ... ut *(look like/appear)*

Ser ... ut *(look like or appear)* is a common **partikelverb**. It is also a special case since the adjective always comes between **ser** and **ut** as in: **Du** *ser* **glad** *ut* **idag.** *(You look happy today.)*

H Put the words in the correct order.

1 ser / ut / så trött
Varför *ser du så trött ut?*

2 ser / som en blomma / du / ut

Idag _____

3 såg / ut / du / sjuk

Igår _____

4 ser / lyckliga / ut

Lena och Ahmed _____

5 mörk / ut / ser _____

Himlen _____

Particles used as the first part of compound verbs – går in → ingår

Sometimes you may encounter a _compound_ verb where the particle comes before the verb, as a single word, for example, **ingå** (be a part of, be included in).

In some cases, the compound and separate forms have rather different meanings, one literal (e.g., **gå in** = enter) and one abstract (e.g., **ingå** = be part of, be included in).

Literal meaning	Abstract meaning
Han går in i huset.	**Moms ingår med 25%.**
(He enters the house.)	(VAT 25% is included.)
Han gick förbi kiosken.	**Chefen förbigick saken med tystnad.**
(He walked past the kiosk.)	(The manager ignored the matter in silence.)
Han ställde fram maten på bordet.	**Hur framställer man tjära?**
(He put the food on the table.)	(How do you prepare tar?)
Fallskärmen vecklade ut sig.	**Här utvecklas framtidens energi.**
(The parachute unfolded.)	(Here the future of energy is developed.)

In some cases there is a stylistic difference between using the separate form (**lägger ned**) and the compound verb (**nedlägger**). Here, the compound form is more formal.

	More formal
Lägg ner böckerna i väskan!	**Kungen nedlade en krans på löjtnantens grav.**
(Put the books in the bag!)	(The king laid a wreath on the lieutenant's tomb.)
Vi ska bjuda in alla grannar på fest.	**Vi har nöjet att inbjuda er till bal på slottet.**
(We will invite all neighbours to a party.)	(We have the pleasure to invite you to a ball at the castle.)
Sill och potatis hör till midsommarmaten.	**Boken tillhör biblioteket.**
(Herring and potatoes are a part of Midsummer food.)	(The book belongs to the library.)
De sköt upp semestern.	**Mötet uppskjuts på obestämd tid.**
(They postponed their holiday.)	(The meeting is postponed indefinitely.)

I Complete the sentences with a verb from the box. Use the correct form.

bjuder in	ingår	lägger ner
tillhör	vecklar ut	utvecklar

1 *Lägg ner* din kläder i väskan!

2 Svalbard är en ögrupp i norra Ishavet som _____ Norge.

3 Jag ska _____ hela släkten på min 50-årsfest.

4 John _____ världskartan på golvet. Sedan pekade han på Svalbard.

5 _____ kaffe i priset för lunchen?

6 De här värmeelementen har _____ för nordiskt klimat.

Reading

Here are some words from the text below.

gäspar	*yawn*
däremot	*however, on the other hand*
skyndar sig	*hurry*
skjuter på	*push*
kundvagn	*trolley/cart*

J Read the paragraph below and answer in Swedish this question: Varför ser Susanna ledsen ut?

Niklas fru, Susanna, *ser* ledsen *ut* idag. Hon *steg upp* för tidigt, redan klockan fem, för hon kunde inte *somna om*. Nu sitter hon och gäspar vid frukostbordet. Niklas däremot har *sovit ut* och han ska inte jobba idag så han *ser* pigg och glad *ut*.

Susanna: 'Vad ska du göra idag när du är ledig?'

Niklas: 'Jag ska *hälsa på* mamma och sedan ska vi äta lunch på stan.'

K Now read the rest of the text and do the exercises which follow.

När Susanna har åkt iväg till jobbet, dukar Niklas av bordet och plockar in disken i diskmaskinen. Sedan duschar han och sätter på sig sina favoritjeans och en randig tröja. Han tittar på klockan och skyndar sig ut till bilen. Den startar inte och Niklas tror att batteriet kanske har laddat ur. De har haft problem med bilbatteriet förut, så han går till en granne och frågar om han kan hjälpa till med att skjuta på bilen.

Till slut startar äntligen bilen och Niklas kan åka iväg, men han åker inte till sin mamma. Istället åker han till en stormarknad strax utanför centrum. Det är vardag så det står inte så många bilar på parkeringen när han kommer dit. Han låser bilen och tar en kundvagn och går sedan in i den stora mataffären. Niklas plockar ner många varor från hyllorna. Han gillar att storhandla. När han kommer fram till kassan är kundvagnen proppfull.

Niklas mamma blir hemskt glad när hennes son bjuder på lunch på en thailändsk restaurang. Hon älskar all mat som kommer från Asien. Efter lunchen skyndar Niklas sig hem. Hemma i köket packar han upp alla matkassar och tar på sig ett förkläde. Sedan lagar han mat i flera timmar, för idag är det hans och Susannas 10-åriga bröllopsdag. Niklas är säker på att Susanna inte kommer ihåg det, så ikväll när hon kommer hem från jobbet får hon en stor överraskning.

1 Put the events of the text in the correct order.

_____ Niklas låser bilen när han kommer till stormarknadens parkering.

_1_____ Susanna ska jobba idag, men Niklas är ledig.

_____ På kvällen ska Niklas överraska Susanna med en middag.

_____ Efter frukosten städar Niklas köket.

_____ Niklas äter lunch med sin mamma på en thailändsk restaurang.

_____ Bilen startar inte så Niklas ber en granne om hjälp.

2 For some extra practice why not try the following? Highlight the verbs with particles in the long text above (as done in Activity J). Look at all the verbs with particles and make sure that you understand them. Also make sure that you can distinguish between prepositions and particles. A good idea is also to look up the verbs with particles in a dictionary and try to find out more about them.

Vocabulary

L **Choose the word or phrase which means the same as the underlined word or phrase.**

1 Niklas *sätter på sig* sina favoritjeans.

a tvättar   b tar på sig   c sitter på

2 Han går till en *granne*.

a en person som bor nära   b en släkting   c en mataffär

3 Han *gillar* att storhandla.

a tycker om   b älskar   c är mycket förtjust i

4 Kundvagnen är *proppfull*.

a full med proppar   b halvfull   c jättefull

5 Niklas är säker på att Susanna inte *kommer ihåg* det.

a glömmer   b minns   c värderar

M Choose the right form of the verb + particle which fits in the context.

kommer in	kommer ihåg	sätter på	plockar ner
laddar ur	kommer fram	packar upp	

1 När de kom till hotellrummet *packar* de *upp* sina väskor.

2 Sist av alla _____ brudparet _____ i kyrkan.

3 Min telefon har _____. Kan jag få låna din?

4 Det är kallt ute idag. Du måste _____ dig vantar och mössa!

5 Du som är lång, kan du vara snäll och _____ ett äpple från trädet åt mig?

6 Ursäkta, vilken tid _____ vi _____ till Mora?

7 Jag _____ inte _____ vad konduktören sa.

N Identify the odd one out.

1 ledsen, gäspar, pigg, glad

2 jeans, tröja, kundvagn, förkläde

3 dukar av, skjuter på, packar upp, överraskar

4 lunch, middag, mataffär, frukost

 # Writing

O Imagine you are going to surprise someone you know with a fantastic meal. Describe how you will surprise him/her and everything you will do to prepare for it (for example, things you will need to buy, etc.) (50–80 words).

Self-check

Tick the box which matches your level of confidence.

1 = very confident   2 = needs more practice   3 = not confident

Kryssa i rutan som passar in på dig.

1 = **mycket säker**   2 = **behöver öva mer**   3 = **inte alls säker**

	1	2	3
Describing a special day in my life.			
Telling a story about when you surprised someone or vice versa.			
Understanding the difference in meaning between a verb + particle and a verb + preposition.			
Using and understanding formal or informal language in the appropriate context.			
Using and understanding abstract vs. literal language.			

16

Han blev attackerad

He was attacked

In this unit you will learn how to:

✓ Understand how the English *'ing'*-form is translated into Swedish

✓ Describe people, objects and things that happen using present and past participles

✓ Read and write about famous people

CEFR: Can understand the main ideas of complex text on both concrete and abstract topics (B2); Can write clear, detailed descriptions, marking relationships between ideas in clear connected text and following established conventions of the genre concerned (B2); Can summarize, report and give opinions about accumulated factual information on familiar matters with some confidence (B1).

The Swedish verb has two participle forms: **presens particip** *(the present participle)* and **perfekt particip** *(the past participle)*. Present and past participles are often used in the same way as adjectives.

A Write the correct translation for the underlined words. Choose between *crying, understanding* **and** *worrying*.

1 Hon har en mycket *förstående* mamma. _____

2 Pojken sprang *gråtande* hem. _____

3 Det är *oroande* att han inte har ringt. _____

Meaning and usage

Presens particip *(present participle)*

flytande tvål *(liquid soap)*   **flytande** = adjective

den *tigande* ministern *(the silent minister)*   **tigande** = adjective

1 The **presens particip** in Swedish is **most frequently** used as an adjective. Sometimes the English equivalent is the *'-ing'*-form as in: **Vi såg en spännande film.** *(We saw an exciting film.)* However, this is not always the case, as in: **en ensamstående förälder** *(a single parent).*

B Match the Swedish expressions to the English translation.

1	ett lockande erbjudande	**a**	*a vivid description*
2	en glädjande nyhet	**b**	*an enticing offer*
3	en krävande chef	**c**	*a demanding boss*
4	en levande beskrivning	**d**	*a tiring excursion*
5	en tröttande utflykt	**e**	*a good piece of news*

2 The **presens particip** is sometimes used as a noun: De **tävlande** samlas klockan 12. *(The contestants meet at 12 o' clock.)*

Note that when the *'-ing'*-form is used as a noun in English, it often corresponds to the Swedish infinitive: **Tycker du om att sjunga?** *(Do you like singing?)*

C Insert the correct translation. Compare with the examples in explanations 1 and 2.

1 Jag älskar att resa. _____

2 De sörjande kom in i kyrkan klockan tolv. _____

3 De studerande får rabatt på biljettpriset. _____

> *It can be helpful to know that when the presens particip is used as a noun, it is usually an* **en**-*word if it refers to people and an* **ett**-*word in other cases:* **en sökande** *(an applicant),* **ett förhållande** *(a relationship).*

3 The presens particip in Swedish is seldom used as a verb. Exceptions to this occur with some verbs like **går** and **springer**: **De kom** *gående* **på trottoaren.** *(They came walking on the pavement.)* **Hon kom** *springande* **emot mig.** *(She came running towards me.)*

Forming the present participle

Verb group	stem (imperativ)	presens particip
Group 1	**tala**	**talande**
Group 2A	**ring**	**ringande**
Group 2B	**sök**	**sökande**
Group 3	**bo**	**boende**
Group 4	**spring**	**springande**
Irreg.	**sov**	**sovande**
Irreg/short	**gå**	**gående**

To make the present participle, begin with the imperative form of a verb. Then add the ending **-ande**. However, when the stem ends in a long stressed vowel, add **-ende**:

bo → bo*ende*, **gå** → gå*ende*

Verbs in group 1, which end in an unstressed **-a,** lose this in front of **-ande**:

öppna: öppna + ande → öppn*ande*

Although the presens particip functions as an adjective, it never changes its form the way other adjectives do: **en _gråtande_ man** *(a crying man),* **ett _gråtande_ barn** *(a crying child),* **de _gråtande_ männen** *(the crying men).*

 D Complete the table with the correct word forms.

Imperative	present participle	English
dö	**döende**	die
längta	_____	*longing, yearning*
stirra	_____	*star*
_____	**växande**	*grow*
gå	_____	*walk*
läs	_____	*read*
_____	**sovande**	*sleep*

E Complete the sentence with a verb in the presens particip from the table above.

1 Jag är rädd för hennes _____ blick. Hon ser farlig ut.

2 Den hungriga katten tittade på fågeln med _____ ögon.

3 Väck inte en _____ björn!

4 Hon är hypokondriker. Hon tror alltid att hon är _____ i någon allvarlig sjukdom.

5 I Asien finns en _____ marknad för bilindustrin.

Perfekt particip *(past participle)*

The adjective form of the verb

F   Choose the correct alternative.

1   Biljetten är _____.

   a beställd   b beställt   c beställda

2   Hotellrummet är _____.

   a bokad   b bokat   c bokade

3   Väskorna är _____.

   a packad   b packat   c packade

en kokad potatis	*a boiled potato*	**kokad** = adjective/past participle
ett stekt ägg	*a fried egg*	**stekt** = adjective/past participle
grillade biffar	*grilled steaks*	**grillad** = adjective/past participle

The **perfekt particip** *(past participle)* is most often used as an adjective, and is much more frequent in both formal and informal Swedish than the present participle presented above. In some modern Swedish grammar books, the *past participle* is called the *adjective form* of the verb.

 *The fact that **presens** and **perfekt particip** are adjective forms of the verb means that if you already know about 500 Swedish verbs, after this unit you will know about 500 new adjectives!*

G   Complete the sentences below with the correct verb from the box. Do not change the form.

stängda	släckta	anställd
räknade	reparerade	stängt

1   Fönstret är *stängt*.

2   Pengarna är _____.

3   Alla fönster är _____.

4   Lamporna är _____.

5   Bilarna är _____.

6   Han är _____ på universitetet.

In English, the past participle is used to form the perfect and pluperfect verb forms, while in Swedish the supine is used as follows:

Perfect: Jag har glömt ställa väckarklockan. *(I have forgotten to set my alarm clock.)*

Pluperfect: Jag hade glömt ställa väckarklockan. *(I had forgotten to set my alarm clock.)*

The Swedish **perfekt particip** is closely related to the supine, but, like other adjectives, it changes its form depending on the word it refers to: **en bakad potatis, ett bakat bröd, bakade potatisar/bröd.**

Perfekt particip in passive constructions

The past participle can be used in passive constructions (see Unit 14) after the verbs **är** and **blir**, although the passive construction with the **-s** form is more common. There is some difference in meaning:

> **blir** + **perfekt particip** stresses the action

> **är** + **perfekt particip** shows the result

Den här bilen är fortfarande inte såld. *(This car has still not been sold.)* = **är** + **perfekt particip**

Den här bilen har fortfarande inte sålts. *(This car has still not been sold.)* = passive **-s**

Den här bilen blev såld igår. *(This car was sold yesterday.)* = **blir** + **perfekt particip**

Den här bilen såldes igår. *(This car was sold yesterday.)* = passive **-s**

H   Change the sentences below to the passive -s form.

1   Huset är sålt. *Huset har sålts*.

2   Affärerna är stängda nu. _____.

3   Rummet är inte städat. _____.

4   Alla är informerade. _____.

Forming the perfekt particip

Perfekt particip		Singular			Plural
Verb group	**Supine**	**Indefinite form**		**Definite form**	**Indefinite + definite form**
		En	Ett		
1	reparerat	reparerad	reparerat	reparerade	reparerade
2A	beställt	beställd	beställd	beställda	beställda
2B	stekt	stekt	stekt	stekta	stekta
3	sytt	sydd	sytt	sydda	sydda
4	stulit	stulen	stulet	stulna	stulna
	skrivit	skriven	skrivet	skrivna	skrivna

The perfekt particip of verb groups 1, 2A, 2B and 3 is made from supine by taking away **-t /-tt** and adding **-d, -t**, nothing or **-dd**. Strong verbs end in **-en** in the perfekt particip. To make the **perfekt particip** of a strong verb, you start with the supine, take away **-it**, and add **-en**.

I Complete the table below.

Perfekt particip		Singular	Plural	
Verb group	**Supine**	**Indefinite Form**	**Definite form**	**Indefinite + definite form**
		En	Ett	
2A	stängt	stängd	stängt	stängda	stängda
	bjudit		bjudet		
		läst			
	klätt			klädda	
					tvättade
	bundit	bunden			bunda
			beställt		

J Complete the sentences with the correct perfekt particip verb from the table.

1 Nu är alla kläder *tvättade* och torkade.

2 Hundar måste vara _____ utanför affären.

3 På bröllopsdagen var han _____ i en elegant grå kostym.

4 Hur många är _____ på festen?

5 Har de _____ böckerna kommit ännu?

6 Tror du att den här informationen blir _____ av våra kollegor?

Ommålad *(repainted)* – the particle om

When following verbs, the particle **om** means *to do something once more*:

arbetar om,	börjar om,	går om,	gör om,	klär om,	kopplar om,
läser om,	målar om,	skriver om,	syr om,	tar om.	

K **Match the particle verbs with the correct English translation.**

1 *rewrite/revise* **skriver om**

2 *change clothes* _____

3 *restart* _____

4 *remake, alter (clothes or textiles)* _____

5 *connect in another way* _____

6 *repaint* _____

L **Complete the sentences with a particle verb from the list above in the correct form.**

1 Lilla Petra var sjuk i flera månader så hon måste *gå om* tredje klass.

2 Min bror älskar Harry Potter. Han har _____ böckerna många gånger.

3 Vi har köpt en massa målarfärg. I helgen ska vi _____ vårt hus.

4 Vi ska på fest om en timme. Du måste _____ nu!

5 Författaren _____ romanen många gånger. Trots det ville ingen publicera den.

6 Jag lyssnade inte så noga. Kan du vara snäll och _____ det där?

Forming the perfekt particip from verbs with a particle: målar om → ommålad

If the verb is formed with a particle (see Unit 15), the particle is placed before the participle to make a compound word: **Vi klär på oss.** *(We get dressed.)* / **Vi är påklädda.** *(We are dressed.)*

M Change the sentences as in the example.

1 De har målat om huset. *Huset är ommålat.*

2 De stänger av vattnet på tisdag. Vattnet _____.

3 Jag har packat ner mina tröjor. Mina tröjor _____.

4 Någon har kört över Lisas docka. Lisas docka _____.

5 De har druckit upp allt vin. Allt vin _____.

6 Han har kastat bort boken. Boken _____.

 Reading

Here are some words from the text below.

förändrar	*change*
ordförande	*chairman*
utbildad	*educated*
engagerad	*involved*
allvarlig	*serious*

N Read the web page below about Anna Lindh and then answer in Swedish this question: Vilket år började Anna Lindh intressera sig för politik?

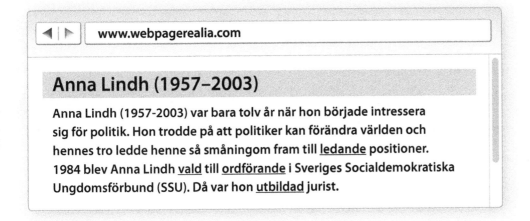

www.webpagerealia.com

Anna Lindh (1957–2003)

Anna Lindh (1957-2003) var bara tolv år när hon började intressera sig för politik. Hon trodde på att politiker kan förändra världen och hennes tro ledde henne så småningom fram till <u>ledande</u> positioner. 1984 blev Anna Lindh <u>vald</u> till <u>ordförande</u> i Sveriges Socialdemokratiska Ungdomsförbund (SSU). Då var hon <u>utbildad</u> jurist.

O Now read the rest of the text and answer in Swedish the questions that follow.

◀ | ▶   www.webpagerealia.com

Anna Lindh var starkt engagerad i miljöfrågor och i internationella frågor. 1994-98 var hon miljöminister och från 1998 till sin död var hon utrikesminister. I utrikespolitikens värld träffas mest medelålders allvarliga och kostymklädda män. Anna Lindh var alltid välklädd i glada färger och på fotografierna från den tiden ser man henne oftast med ett vänligt leende, och ibland storskrattande.

I Sverige är det inte så vanligt med folkomröstningar, men den 14 oktober 2003 skulle vi rösta om införandet av den europeiska valutan, euron. Anna Lindh var en av de mest uppskattade och efterfrågade politikerna på ja-sidan. Man såg hennes ansikte överallt på annonspelare och i media.

Många hade hoppats att Anna Lindh skulle bli Sveriges första kvinnliga statsminister, men det blev inte så. Den 10 september blev hon attackerad och knivskuren när hon var på NK för att handla kläder. Dagen efter dog Anna Lindh. Mördaren greps några veckor senare och blev dömd till livstids fängelse.

1 I hur många år var Anna Lindh miljöminister?

_____

2 Vad hade Anna Lindh för roll i Sveriges regering när hon dog?

_____

3 Hur såg Anna Lindh ut på fotografierna från tiden som utrikesminister?

_____

4 Vad handlade folkomröstningen om 2003?

_____

5 Varför var det mycket fokus på Anna Lindh under tiden före folkomröstningen?

_____

6 Vad hände på NK?

_____

5 For some extra practice why not try the following? Highlight all the present and past participles in the long text above (as done in Activity N). Identify what in the text the participles describe. Also examine if it is possible to change some of the sentences with past participles that you find after the verbs **är** and **blir** to sentences with the passive -s form.

Vocabulary

P **Choose the word or expression which means the same as the underlined phrase.**

1 Många ungdomar är *starkt engagerade i* miljöfrågor.

   a mycket intresserade av   b väldigt oroliga för   c hemskt likgiltiga för

2 Han brukar *vara kostymklädd* på jobbet.

   a ha en kostym som hänger på jobbet   b bära kostym på jobbet
   c sätta på sig kostymen på jobbet

3 Sveriges riksdag beslutade 1937 att *införa* semester för alla arbetare.

   a introducera   b förlänga   c engagera

4 Björk, som kommer från Island, är en *välkänd och uppskattad* sångerska.

   a berömd och omtyckt   b bortskämd och stolt   c talangfull och respekterad

5 Det är *inte så vanligt* att jag kommer hem från jobbet före klockan fem.

   a ovänligt   b osedvanligt   c ovanligt

Q **Complete the sentences with the words from the box in the correct form.**

förändrar	väljer	utbildar	leende
överallt	skär	dömer	

1 Min dotter ska börja *utbilda* sig till kirurg nästa år.

2 Kan du vara snäll och _____ upp brödet medan jag steker äggen?

3 Kidnapparen blev _____ till fängelse.

4 Ska jag äta potatis eller ris till skinkan? Jag har svårt att _____.

5 Nelson Mandela _____ politiken i Sydafrika.

6 Det finns råttor _____ utom på Antarktis.

R Identify the odd one out.

1 jurist, mördare, politiker, statsminister

2 attackerad, vald, engagerad, överallt

3 uppskattad, populär, död, vänlig

4 inför, röstar, val, politik

5 hoppas, allvarlig, förändras, träffas

 # Writing

S Imagine you have a blog. Today you are really annoyed because of something a politician has said or done. Write a blog post expressing your frustration in Swedish (50–80 words).

Self-check

Tick the box which matches your level of confidence.

1 = very confident   2 = needs more practice   3 = not confident

Kryssa i rutan som passar in på dig.

1 = **mycket säker**   2 = **behöver öva mer**   3 = **inte alls säker**

	1	2	3
Understanding how the English *'ing'*-form is translated into Swedish.			
Describing people, objects and things that happen using present and past participles.			
Reading and writing about famous people.			

17

Åsa är roligast

Åsa is funniest

In this unit you will learn how to:

✓ Make comparisons, for example, between two countries or people

✓ Recognize and understand comparative and superlative in a text

✓ Describe strong feelings in Swedish

CEFR: Can use simple descriptive language to make brief statements about and compare objects and possessions (A2); Can write letters highlighting the personal significance of events and experiences (B2).

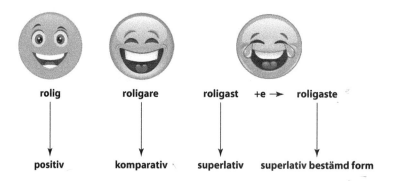

| rolig | roligare | roligast | +e → | roligaste |
| positiv | komparativ | superlativ | | superlativ bestämd form |

A Choose *varm, varmare* **or** *varmast.*

I Sverige brukar juli och augusti vara ___v är _____ än april och maj. Vilken månad är _____ i Australien? Är januari en lika_____månad som februari i Sydney?

Meaning and usage

Adjectives – comparisons

The most common way of comparing adjectives in Swedish is what you see in the table above. **Komparativ** *(comparative)* form refers to a higher degree than another: **Stockholm är kallare än Köpenhamn på vintern.** *(Stockholm is colder than Copenhagen in the winter.)* **Superlativ** *(superlative)* refers to the highest degree: **Vilken stad är kallast i världen?** *(Which city is coldest in the world?).*

Komparativ *(comparative)*

Like in English, the comparative is used in different kinds of sentence constructions. The comparative is used to compare two people or things:

De röda skorna är snyggare än de svarta. *(The red shoes are better looking than the black ones.)*

B **Match with the appropriate translation.**

1 Att gå på bio är roligare än att studera. *a It is more fun to go by train than by car.*

2 Stockholm är roligare på natten än på dagen. *b They study together. It is more fun.*

3 Det är roligare att åka tåg än bil. *c She has got a more selfish boyfriend than I have.*

4 De studerar tillsammans. Det är roligare. *d It is more fun to go to the cinema than to study.*

5 Hon har en mer självisk pojkvän än jag. *e Stockholm is more fun in the night than during the day.*

C **Compare the Swedish and English use of the comparative in the sentences above.**

Superlativ *(superlative)*

Superlativ is used to compare one person or thing with every other member of the group. It can be used in indefinite and definite form. For example:

De här skorna är snyggast (av alla som finns i affären). *(These shoes are the best looking, [of all they have in the shop].)*

Det här är de snyggaste skorna som finns. *(These are the best looking shoes there are.)*

You can use the same rules for the use of indefinite and definite forms with the superlative as with all other adjectives.

D **Match with the appropriate translation.**

1 Den här komikern är roligast i Sverige.   a *Georg is my funniest cousin.*

2 På söndagarna är han roligast.   b *This is the funniest comedian in Sweden.*

3 Georg är min roligaste kusin.   c *My brother is the most selfish person I know.*

4 Johans Glans är Sveriges roligaste komiker. d *Johan Glans is Sweden's funniest comedian.*

5 Min bror är den mest själviska person jag känner.   e *On Sundays he is funniest.*

E **Compare the Swedish and English use of the superlative in the sentences above.**

Forming the komparativ and superlativ

-are / -ast

Komparativ: To make the comparative form of adjectives you just add **-are** to the positive form (= the basic form). A comparative never changes its form – it is the same for both **en** and **ett** words.

positiv	komparativ
glad + are →	gladare

Superlativ: To make the superlative form of adjectives you add **-ast** to the positive form. The definite form (e.g., *the happiest*) of the superlative is formed by adding **-e**. This also means that a definite article (**den, det, de**) comes before the adjective.

positiv	superlativ	superlativ bestämd form *(superlative definite form)*
glad + ast	→ gladast	+ e → gladaste
	happiest	*the happiest*

 F   Complete the table below.

Positiv	Komparativ	Superlativ	Superlativ bestämd form
tråkig	tråkigare	tråkigast	tråkigaste
varm	varmare		
god		godast	
duktig *hard-working*			duktigaste

Mer/Mest

As in English, certain adjectives cannot take an ending in the **komparativ** and **superlativ**. Instead they take the word **mer** *(more)* to make the **komparativ** and the word **mest** *(most)* to make the **superlativ**. Adjectives that end in **-isk** and all present and past participles form the **komparativ** and **superlativ** with **mer** and **mest**.

The present participle, for example **spännande**, never changes form. Past participles add **-e** or **-a** according to the rules (see Unit 16).

Positiv	Komparativ	Superlativ	Superlativ bestämd form
självisk	mer självisk	mest självisk	+a → mest själviska
komplicerad	mer komplicerad	mest komplicerad	+ e → mest komplicerade
spännande	mer spännande	mest spännande	
→	→	→	→

 You have maybe noticed that in English there is a tendency to choose the forms more and most with long adjectives. This is the case in Swedish as well: **Han är den** *mest framgångsrika* **komikern.** → *He is the most successful comedian.*

G Complete the sentences by choosing the correct alternative.

1 Blod är _____ än vatten.

   a tjock   b tjockare   c tjockast

2 Min mamma lagar Sveriges _____ köttbullar.

   a god   b godare   c godaste

3 Det är _____ att använda ett bra lexikon när man studerar språk.

   a smart   b smartare   c smartast

4 Vilken plats är _____ i världen?

   a kallt   b kallare   c kallast

5 Jag vet inte vem som är _____ i Sverige.

   a rik   b rikare   c rikast

6 Jag tycker att historia är _____ än geografi.

   a intressant   b mer intressant   c mest intressant

Irregular adjectives

There is a fairly small group of common adjectives which have irregular forms in the **komparativ** and **superlativ**. The forms are not completely irregular, however, since the **komparativ** ends in -**re** and the **superlativ** in -**st**. The definite form of the **superlativ** is formed by adding -**a**.

Positiv	Komparativ	Superlativ	Superlativ bestämd form	English
bra	bättre	bäst	bästa	
dålig	sämre	sämst	sämsta	
liten	mindre	minst	minsta	
stor	större	störst	största	
gammal	äldre	äldst	äldsta	
ung	yngre	yngst	yngsta	
många	fler	flest	flesta	
mycket	mer	mest	mesta	
lång	längre	längst	längsta	
låg	lägre	lägst	lägsta	
tung	tyngre	tyngst	tyngsta	

H **Complete the table above with the English translations. Choose between:**
bad, big, good, heavy, many, much, old, long/tall, low, small, young.

I **Choose an adjective in the comparative that fits in the context. Choose between:**
bättre, ensammare, högre, längre, mindre, mörkare, större, yngre.

1 I Sverige är december mycket *mörkare* än juni.

2 Min syster är _____ än jag. Hon är 1,80 och jag är bara 1,67.

3 Madonna sjunger mycket _____ än min mamma.

4 En fyrarumslägenhet är _____ än en tvåa.

5 Portugal är _____ än Spanien.

6 När jag var _____ kunde jag springa tio kilometer på fem minuter.

J **Complete the sentences with the correct form of the irregular adjective in parentheses in the** komparativ **or superlativ** **form.**

1 (bra) Idag är vädret *bättre* än igår. Snart kommer sommaren. Den är
_____ av alla årstider, tycker jag. Och du? Vilken årstid tycker
du _____ om?

2 (gammal) Helena har en syster, Anna, och en bror, Stefan. Anna är tre år
_____ än Helena och Stefan är ett år _____ än
Anna. Vem är _____ av syskonen?

3 (liten) Jag vet inte vilket land som är _____ i världen, men jag
vet att Danmark är _____ än Sverige. Vilken huvudstad är
_____, Köpenhamn eller Stockholm?

K Complete the sentences with the word in parentheses in the correct komparativ or superlativ form. This includes all adjectives + present and past participles.

1 (känd) Vilken svensk är _____ utomlands? Är kungen _____ än statsministern, tror du? Alfred Nobel är kanske _____ än någon av dem.

2 (många) Ska du köpa ännu _____ strumpor? Du har _____ strumpor än alla killar jag känner. Tror du att det är en tävling om vem som har _____ strumpor?

3 (bekväm) Jag behöver en säng som är _____ än den som jag har nu. I bland sover jag på golvet . Det är _____. En försäljare i möbelaffären säger att de _____ sängarna kostar mer än 10 000 kronor.

4 (logisk) Tror du att matematik är _____ än grammatik? Jag vet inte, men jag tycker att tyska är det _____ språket som jag har studerat.

5 (intresserad) Min fru har alltid varit _____ av sport än jag, men det är jag som är _____ av schack i familjen.

6 (regnig) Göteborg är en _____ stad än Stockholm. Vilken stad är _____ i Sverige? Jag tror, att den stad som jag bor i är _____ av alla.

7 (spännande) Den här kriminalromanen är den _____ bok som jag har läst i hela mitt liv.

There are of course other ways of making comparisons both in English and Swedish. Certain verbs can be used to compare different people or things:

Han *ser ut som* Elvis Presley. *(He looks like Elvis Presley.)*

Jag *låter som* en hes kråka idag. *(I sound like a hoarse crow today.)*

De talar *samma* dialekt *som* jag. *(They speak the same dialect as me.)*

Han har *lika* tröja *som* jag.

Han är *lika* trött *som* jag. *(He is as tired as I am.)*

 Reading

L Read the paragraph below and then answer in Swedish this question: Vem betalar mest hyra, Anders eller Åsa?

Åsa bor _ensam_ i en _liten_ lägenhet på 34 kvadratmeter på Storgatan. Det är den _minsta_ lägenheten som finns i hela huset. Hon betalar 5 640 kronor i månaden i hyra. Anders och hans sambo bor i en _större_ lägenhet i samma hus som Åsa. Deras hyra är _högre_, 6 660 kronor i månaden. Åsa letar efter en _billigare_ lägenhet.

nöjd	_content_
skilsmässa	_divorce_ (noun)
skiljer sig	_divorce_ (verb)
minns	_remember_

M Now read the rest of the text and decide whether the statements that follow are rätt _(true)_, fel _(false)_, or if the information is not in the text.

Åsa har varit gift men nu är hon skild. Hennes man, Anders, hittade en ny kvinna som han tyckte var vackrare än Åsa. Åsa var trött på sin man så hon är nöjd med skilsmässan, och hon trivs utmärkt med att bo ensam i en liten lägenhet. Åsas dotter Ulrika är 22 år och hon flyttade hemifrån samtidigt som föräldrarna skilde sig, men hon hälsar ofta på sin mamma. Ulrika är lika lång som sin mamma, men Åsa är smalast. Båda har långt mörkt hår och bruna ögon.

Efter skilsmässan trodde Åsa att hon aldrig mer skulle vilja bo tillsammans med en man, men nu har hon fått kontakt med en gammal klasskompis, Urban. De hittade varandra på internet. Åsa minns Urban från skoltiden, därför att han alltid var duktigast och gladast av alla. När de andra satt och halvsov på lektionerna log Urban och strålade som en sol och hela tiden ställde han intelligenta frågor till läraren. Alla sa att han var den smartaste eleven i klassen.

För många år sedan när Åsa och Urban var klasskompisar pratade de nästan aldrig med varandra. Alla tjejer i klassen inklusive Åsa var förälskade i Urban, men han var mest intresserad av litteratur och klassisk musik. Han spelade piano bättre än någon annan i klassen, men så övade han också mest av alla. Nu är Åsa mer förälskad i Urban än när hon var ung, men hon tror att han kanske är mer intresserad av att vara hennes vän än av att inleda ett kärleksförhållande.

	Rätt	Fel	Det kan man inte veta
1 Det finns många lägenheter som är mindre än Åsas i huset där hon bor.			
2 Åsa ville bo ensam, därför skilde hon sig från sin man.			
3 Åsas före detta man ångrar skilsmässan.			
4 Ulrika och Åsa är lika långa.			
5 Urban älskade att gå i skolan när han var ung.			
6 Nu är Åsa kär i en gammal klasskompis.			
7 Åsas dotter bor i Åsas lägenhet.			

 8 For some extra practice why not try the following? Examine all the adjectives in the long text above (they are underlined in Activity L). Look at the adjectives that are in **komparativ** and **superlativ** and identify which things or persons are being compared. Can you find comparisons where **komparativ** and **superlativ** forms are not used?

Vocabulary

N Write the opposite of the following adjectives from the text.

1 liten *stor*

2 billig _____

3 trött _____

4 lång _____

5 smal _____

6 glad _____

7 intelligent _____

8 bra _____

O Choose the word or phrase which means the same as the underlined word or phrase.

1 Åsa bor ensam I en liten *lägenhet*.

   a radhus   b våning   c villa

2 Hennes man hittade en kvinna som han tyckte *var vackrare*.

   a såg fin ut   b verkade snyggare   c såg bättre ut

3 Hon flyttade hemifrån *samtidigt som* föräldrarna skilde sig.

   a samma tid   b på samma gång som   c direkt efter att

4 Hon *hälsar ofta på* sin mamma.

   a besöker ofta   b mår ofta bra tillsammans med   c kommer ofta och äter hos

5 Urban *strålade som en sol*.

   a var blond   b såg jätteglad ut   c pratade om vädret

P Complete the sentences with the words from the box in the correct form.

betalad	förälskad	hög
liten	nöjd	strålande

1 I dag har jag lärt mig mycket svenska. Jag känner mig mycket *nöjd*.

2 Vad händer i kroppen när man blir _____?

3 De ser _____ glada ut på bröllopsfotografiet.

4 Biljetterna är _____. Du kan hämta dem i kassan efter klockan tre.

5 Jag vill ha _____ lön och bättre arbetstider.

6 Jag känner mig _____ ensam när jag surfar på internet än när jag tittar på teve.

> Don't forget to write down new vocabulary so that you can review and memorize it easily.

 # Writing

Q Imagine you are Åsa. You meet Urban often, but nothing happens. You dare not tell him that you love him. Now you are becoming impatient. You want to know if he loves you or if he just wants to be friends. Write an email from Åsa to Urban revealing her feelings and try to find out how he feels about her (50–80 words).

 *Try to listen to Swedish online, for example with **Klartext**, a news programme in easy Swedish. You can find it on **Sveriges Radio** (Sweden's Radio): www.sverigesradio.se. Or watch Swedish television on **SVT**: www.svt.se. Try to listen actively even when you don't understand, and concentrate on the rhythm and the intonation of the language.*

Self-check

Tick the box which matches your level of confidence.

  1 = very confident   2 = needs more practice   3 = not confident

Kryssa i rutan som passar in på dig.

  1 = **mycket säker**   2 = **behöver öva mer**   3 = **inte alls säker**

	1	2	3
Making comparisons, for example, between two countries or persons.			
Recognizing and understanding comparative and superlative when listening to Swedish or reading a text.			
Being able to talk and write about strong feelings in Swedish.			

18

Jag tycker om att resa

I like travelling

In this unit you will learn how to:

✓ Use the verbs tycker, tänker and tror

✓ Write about your opinions on an issue using tycker, tänker and tror

✓ Understand and use synonyms for tycker, tänker and tror such as funderar and menar

CEFR: Can understand the main ideas of complex text on both concrete and abstract topics (B2); Can write clear, detailed descriptions, marking relationships between ideas in clear connected text and following established conventions of the genre concerned (B2); Can summarize, report and give opinions about accumulated factual information on familiar matters with some confidence (B1).

Meaning and usage

Tycker

Before going to the cinema: **Den här filmen _är_ bra, tror jag.**

After having been to the cinema: **Den här filmen _var_ bra, tycker jag.**

A   Match with the correct translation.

1 **Vad tycker du om boken?**	a	_You think too much about her._
2 **Tror du på vad han säger?**	b	_He thinks that he knows this._
3 **Du tänker för mycket på henne.**	c	_We are planning a trip to Oslo next week._
4 **Han tror att han kan det här.**	d	_What do you think of the book?_
5 **Vi tänker åka till Oslo nästa vecka.**	e	_Do you like Swedish food?_
6 **Tycker du om svensk mat?**	f	_Do you believe in what he says?_

1   Tycker is used to express a personal opinion, a judgment, and is often followed by an **att**-clause:

Han tycker att hans kostym är elegant. _(He thinks that his suit is elegant.)_

Jag tycker att vi ska se den där filmen. _(I think we should see that film.)_

Tycker can be followed by the preposition **om: Vad tycker du om boken?** _(What do you think of the book?)_

2 **Tycker om** = *like*   **tycker inte om** = *dislike*

tycker om (stress on **om**) is a particle verb (see Unit 15) and it has therefore a different meaning from the verb **tycker**.

Vi tycker om att resa. *(We like travelling.)*

Tycker du om filmen? *(Do you like the movie?)*

Nej, jag tycker inte om filmen. *(No, I don't like the movie.)*

> **Tycker bra om** *(like)* / **tycker illa om** *(dislike, disapprove of)*: it is very common to use **bra** *and* **illa** *respectively as particles after* **tycker.** *There is no equivalent phrase in English:*
>
> **Jag tycker om den här boken.** *(I like this book.)*
> **Jag tycker bra om den här boken.** *(I like this book.)*
>
> **Jag tycker inte om öl.** *(I don't like beer.)*
> **Jag tycker illa om öl.** *(I don't like beer.)*

Tror

1 **Tror** corresponds to *think* in the sense of *'believe'* or *'imagine'*, when you do not know something for sure. Notice the different meanings of the sentences below:

Jag *tycker* att den här filmen om vikingarna är bra. = *I have seen the film and know it's good.*

Jag *tror* att den här filmen om vikingarna är bra. = *I have not seen the film and cannot know for certain what it's like.*

2 **Tror** followed by the preposition **på** is used when you believe something is true:

Jag *tror på* Gud. *(I believe in God.)*

Jag *tror på* det du säger. *(I believe in what you say.)*

B Complete the text message conversation below by choosing the correct form of either tycker or tror.

(1) – *Tyckte* du om filmen som vi såg igår?
– Ja, den var ganska bra, men jag förstod inte slutet. Vad (2) _____ du hände?
– Jag (3) _____ att de bestämde sig för att leva tillsammans.
– Nej, det (4) _____ inte jag. Killen sa ju att han inte (5) _____ på kärleken.
– Det sa han säkert för att tjejen skulle bli mer intresserad. Jag (6) _____ att han verkade osäker på om hon verkligen älskade honom.
– Det håller jag inte med om. Jag (7) _____ att det var tydligt att de var jättekära i varandra.

Tänker

1 **Tänker** is used when a mental process is involved:

Hon tänker mycket på pengar. *(She thinks a lot about money.)*

Han tänkte på problemet hela dagen. *(He thought about the problem all day long.)*

2 **Tänker** is also used as an auxiliary verb, when we intend or plan to do something in the future:

Jag tänker läsa en svensk tidning varje dag. *(I'm going to read a Swedish newspaper every day.)*

Han tänker stanna hemma ikväll. *(He will stay at home tonight.)*

> As you have seen from the examples, the English 'think' may be translated into **tycker, tror** or **tänker**, depending on the context. This is of course confusing for an English speaker. But try to focus on the explanations for the Swedish use of the three verbs. It is more efficient to get them right from the beginning, than to try to repair an incorrect use later on.

C Complete the dialogue below by choosing the correct form of *tycker, tänker* **or** *tror*.

Innan Swamy flyttade från södra Indien till Sverige, (1) *trodde* han att det skulle vara hemskt kallt där på vintern, men nu (2) _____ han att det inte är så farligt. Han älskar sin svenska fru, Anita. Hon (3) _____ att det är härligt med snö och båda två (4) _____ om att åka skidor i fjällen i mars. Swamy (5) _____ att det är fantastiskt vackert i norra Sverige, men han (6) _____ inte att han vill bo där året runt.

> Always keep repeating the exercises even when you know you were correct the first time. To understand more about the difference between tycker, tänker and tror, you can also look for examples in Swedish texts on the Internet.

D Write your own sentences using *tycker, tänker, tror*. Check that you are using the correct meaning for each verb.

Jag tycker   _____

Jag tänker   _____

Jag tror   _____

There are other verbs than **tänker** which can be used when a mental process is involved, for example:

1 funderar: Vi måste fundera en vecka på om vi ska köpa bilen eller inte.
   (We need a week to consider if we are going to buy the car or not.) **Det är ingenting att fundera på.**
   (It is not worth thinking about/not worth considering.)

2 föreställer sig: Jag kan inte föreställa mig ett liv utan dig. *(I cannot imagine a life without you.)*

3 grubblar: Hon grubblade länge innan hon flyttade schackpjäsen. *(She pondered a long time before she moved the chess piece.)*

4 mediterar: Det har blivit populärt att meditera. *(It has become popular to meditate.)*

5 reflekterar: Medan vi drack vinet reflekterade vi över meningen med livet. *(While we drank the wine we reflected upon the meaning of life.)*

E Choose the correct alternative.

1 De kan inte bestämma sig för att köpa huset nu. De behöver <u>fundera</u> några dagar.

  a meditera   b föreställa sig   c fundera

2 Du kan inte _____ dig vilken underbar semester vi har haft.

  a grubbla   b föreställa   c reflektera

3 Alma har svårt att koppla av. Nu har hon anmält sig till en kurs där hon ska lära sig att

  _____.

  a meditera   b tänka   c fundera

4 Jag kan inte bestämma mig nu. Jag måste _____ på saken.

  a meditera   b föreställa mig   c fundera

5 Hur mycket hon än _____ kunde hon inte hitta någon lösning på problemet.

  a reflekterade   b grubblade   c föreställde sig

6 Jag tror att jag är kär i min granne. Jag kan inte sluta _____ på honom.

  a tänka   b grubbla   c reflektera

> Don't always write in the book. Write on a separate piece of paper. Then it will be easier to come back to the same exercise and repeat.

There are other verbs than **tror** which can be used to express assumptions, possibilities, and suppositions, for example:

1 antar: 'Kommer din bror också?' 'Jag antar det.' *(Will your brother be there also? I suppose so.)*

2 förmodar: Jag förmodar att veterinären har semester nu. *(I assume the veterinary is on vacation now.)*

3 gissar: Jag gissar att han är I 30-årsåldern. *(I guess he is in his 30s.)*

4 misstänker: Polisen misstänker att någon ljuger. *(The police suspect that someone is lying.)*

F Choose the correct alternative.

1 Du kan inte _____ alla människor för att inte tala sanning.

    a anta   b misstänka   c gissa

2 Vi _____ att det kommer cirka femtio personer till 50-årsfesten.

    a antar   b gissade   c förmodade

3 Kan du _____ hur gammal min moster är?

    a anta   b misstänka   c gissa

4 Vi _____ att EU-kommissionen undersöker frågan närmare.

    a antagit   b förmodar   c misstänkt

5 Vi _____ att presidenten förlorar nästa val.

    a antar   b misstänka   c förmodat

Menar and **anser** are two other verbs apart from **tycker**, which can be used to express an opinion, for example:

1 menar: Han *menar* att jag måste byta jobb. *(He says I need to change jobs.)*

2 anser: Vad *anser* statsministern om läget? *(What is the Prime Minister´s opinion on the present situation?)*

G Complete the sentences. Choose the correct ending from the box below.

… vad de menar.

… det är fult att ljuga.

… debatten var oseriös.

… om den nya regeringen?

… med sin konst?

… inte komma i tid?

1 Många anser att *det är fult att ljuga*.

2 Vad menar du med att _____.

3 Vad anser svenska folket _____.

4 Jag förstår inte _____.

5 Vad tror du att Picasso menar _____.

6 Vi ansåg att _____.

 # Reading

Here are some words from the text below.

forskare	*researcher*
befolkning	*population*
ökar	*grow*
minskar	*decrease*
ägare	*owner*

H Read the paragraph below and then answer in Swedish this question: När kan det vara tillåtet att skjuta varg?

VARGEN KOMMER!

Under första delen av 1800-talet fanns det varg i alla svenska landskap utom Gotland och forskarna tror att cirka 500 vargar dödades varje år på den tiden. När befolkningen i Sverige ökade, minskade vargstammen och 1966 blev det förbjudet att skjuta varg. Idag är det tillåtet att skjuta varg till exempel om vargen jagar en djurägares kor, får, eller renar.

I   Now read the rest of the text and answer in Swedish the questions that follow.

Vargens vara eller inte vara diskuteras ofta i svenska medier. Många djurägare tycker att de ska ha rätt att skjuta vargar som finns i deras skogar och marker, eftersom vargen ibland dödar renar, får, hundar, och så vidare. Andra debattörer tror att det finns risk att vargen attackerar människor. De kanske associerar till sagan om Rödluvan och vargen och andra berättelser om den farliga vargen.

Politiker har olika åsikter i vargfrågan och ibland säger de inte klart vad de tycker. Stadsbor tycker många gånger att de svenska vargarna måste skyddas, medan de som bor på landsbygden ofta tror att lösningen är att öka rätten att skjuta varg.Miljöorganisationerna tycker att vi måste kunna leva med att det finns rovdjur i naturen. De menar att vargen tillhör den svenska biologiska mångfalden och att den har rätt att leva precis som alla andra djur. De tror att vargen behövs i det svenska ekosystemet.

Att vargen tillhör Sveriges kulturhistoria ser vi förresten på namnen Ulf och Ylva som är fornnordiska och betyder varg.

1   Varför vill många djurägare ha rätt att skjuta vargar?

_____

2   Vad heter sagan om Rödluvan och vargen på engelska?

_____

3   Vill alla politiker förbjuda jakt på vargar?

_____

4   Varför vill miljöorganisationerna skydda vargen?

_____

5   Vad är det för speciellt med namnen Ulf och Ylva?

_____

6 Observe the use of **tycker** and **tror** in the text. How would you translate them to English? Do you notice any nuances in the use of **tycker** or **tror**?

Vocabulary

J **Write the opposite of the following verbs, adverbs and adjectives from the text.**

1 tillåter *förbjuder*

2 ökar _____

3 ofarlig _____

4 dör _____

5 exakt _____

6 samma _____

7 otydlig _____

K **Choose the expression which means the same as the underlined phrase.**

1 *Under första delen av 1900-talet* bodde majoriteten av svenskarna på landsbygden.

  a 1900–1950   b 1800–1850   c 2000–2050

2 *Det är tillåtet* att parkera utanför stormarknaden.

  a Man bör   b Man ska   c Man får

3 Jag och min äldre syster *har olika åsikter om* allt.

  a tänker olika på   b tror olika på   c tycker olika om

4 Jag har *många gånger* försökt prata med henne.

  a ibland   b ofta   c alltid

5 *Det behövs* mer humor i klassrummen.

  a Det finns ett behov av   b Behovet av   c Man är i behov

L Word families – insert the missing words from the text.

Noun	Verb (present tense)
forskare -*n*	forskar
diskussion -*en* -*er*	_____
ägare -*n* Ø	_____
skydd -*et* Ø	_____
attack -*en* -*er*	_____
_____	berättar
liv -*et* -*en*	_____

 # Writing

M Imagine you have a blog where you write about things you have learnt about Sweden. Today you are posting about nature-loving Swedes. Try to write about both positive and negative aspects (50–80 words).

Self-check

Tick the box which matches your level of confidence.

   1 = very confident   2 = needs more practice   3 = not confident

Kryssa i rutan som passar in på dig.

   1 = **mycket säker**   2 = **behöver öva mer**   3 = **inte alls säker**

	1	2	3
Understanding the differences between **tycker**, **tänker** and **tror**.			
Writing about my opinions on an issue using **tycker**, **tänker** and **tror**.			
Understanding and using synonyms for **tycker**, **tänker** and **tror** such as **funderar** and **menar**.			

19 Det mulnar

It's becoming cloudy

CEFR: Can understand the main ideas of complex text on both concrete and abstract topics (B2); Can write clear, detailed descriptions, marking relationships between ideas in clear connected text and following the established conventions of the genre concerned (B2); Can summarize, report and give opinions about accumulated factual information on familiar matters with some confidence (B1).

A **Look at the list of transitive and intransitive verbs below. Insert the translation for the intransitive verbs. Choose between:** *wake up, burn, burst/split, drown, lie, lower/sink, sit, smoke, stand.*

Transitive verbs	Intransitive verbs
bränner (2A) *(burn)*	**brinner** (4) *burn*
dränker (2B) *(drown)*	**drunknar** (1)_____
lägger (4) *(lay, put)*	**ligger** (4)_____
röker (2B) *(smoke)*	**ryker** (2B) _____
sänker (2B) *(sink)*	**sjunker** (4) _____
spräcker (2B) *(split, cleave)*	**spricker** (4) _____
ställer (2A) *(put, stand)*	**står** (4) _____
sätter (irreg.) *(put, place)*	**sitter** (4) _____
väcker (2B) *(wake)*	**vaknar** (1) _____

Meaning and usage

Transitive and intransitive verbs

Transitive verbs are verbs that can take an object, for example **Åsa** *läser* **en bok.** *(Åsa is reading a book.)* Intransitive verbs cannot take an object, for example **Niklas** *somnar*. *(Niklas falls asleep.)*

English often uses the same verb with both transitive and intransitive functions. In Swedish the difference is clearer: **De** *odlar* **morötter.** *(They grow carrots.)* / **Morötterna** *växer* **bra.** *(The carrots are growing well.)*

Only transitive verbs can form the passive. The object becomes the subject when the verb changes from active to passive:

Affären *sänker* priserna. → Priserna *sänks* (av affären).

   subjekt   object   subjekt

In many cases, there is a pair of related verbs, one of which has a transitive function and the other an intransitive function:

bränner → *Bränn* inte dina sopor! *(Don't burn your garbage!)*

brinner → Soporna *brinner*. *(The garbage is burning.)*

> *The difference between transitive and intransitive verbs is not always crystal clear. Some transitive verbs may, for example, have an object which does not show, but is implicit in the context. → **'Vad gör hunden?' 'Den äter.'***

B Insert *lägger* or *ligger* in the correct form.

När Åsa kom hem ville hon (1) *lägga* sig och läsa en stund, men hon visste inte var Håkan hade (2) _____ tidningen. Hon letade överallt. 'Var har han (3) _____ den'? tänkte hon. När Åsa tittade i sin väska (4) _____ tidningen där. Den hade (5) _____ där hela tiden.

C Insert *sjunker* or *sänker* in the correct form.

På radionyheterna hörde Åsa att temperaturen skulle (1) _____ till plus tio grader. Snart blir det höst. Då (2) _____ affärerna priserna på sommarklänningar, tänkte hon. Och banken (3) _____ räntan med 0,5 procent. Då (4) _____ mina utgifter, tänkte Helena.

D Insert *vaknar* or *väcker* in the correct form.

Åsa: Kan du vara snäll och (1) _____ mig klockan halv sex i morgon bitti?

Håkan: Varför måste du (2) _____ så tidigt?

Åsa: Därför att om jag inte (3) _____ tidigt så missar jag flyget till Luleå. Du vet ju att jag missade flyget förra veckan när jag inte (4) _____ av väckarklockan.

Håkan: Ok, jag (5) _____ dig, om du köper något fint åt mig i Luleå.

> *Always search for linguistic patterns, in the grammar, in the sentences, or in a text! You may have noticed that the verbs in Activities B, C, and D above are similar. These patterns can help you learn the words and grammar better.*

Verbs ending in -na

E **Insert the translation in the table below. Choose between:**

awake,	cloudy,	cold,	dark,	grey,	light,
mature,	pale,	red,	silent,	thick,	withered.

adjective	English adjectives	verb (1)
blek	*pale*	bleknar
grå	_____	grånar
kall	_____	kallnar
ljus	_____	ljusnar
mogen	_____	mognar
mulen	_____	mulnar
mörk	_____	mörknar
tjock	_____	tjocknar
röd	_____	rodnar
tyst	_____	tystnar
vaken	_____	vaknar
vissen	_____	vissnar

You may already have noticed the relationship between the adjective **vaken** *(awake)* and **vaknar** *(to wake up)*. Some intransitive verbs are created from adjectives by adding the suffix **-na**. All these are regular verbs belonging to group 1 and they usually show a process of beginning or becoming. Often you can change the verb **blir** + adjective to a verb ending **-na: Han blev blek. → Han bleknade.**

F **Change** bli + **adjective to a verb ending in** -na **in the correct form.**

1 Blommorna *blev vissna* over natten. Blommorna *vissnade*.

2 Hennes hår *blev grått* av alla bekymmer. Hennes hår _____.

3 Agnes har *blivit mogen*, tycker jag. Agnes har _____.

4 Kom och ät innan maten *blir kall*! Kom och ät innan maten _____.

5 Han *blev röd* av blygsel. Han _____.

6 Eleverna *blev tysta* när läraren kom in. Eleverna _____.

G **Here are some intransitive verbs ending in -s. Try to complete the table below with the correct forms.**

Transitiva verb	Intransitiva verb		
Presens	Presens	Preteritum	Supinum
biter *(bite)*	bits	*bets*	*bitits*
kittlar *(tickle)*	kittlas	_____	_____
knuffar *(push)*	knuffas	_____	_____
lurar *(cheat)*	luras	lurades	_____
retar *(annoy)*	retas	_____	_____
slår *(hit)*	slåss	_____	slagits
sparkar *(kick)*	sparkas	_____	_____

Many of the verbs that describe an activity have both a transitive and an intransitive form. Some of the intransitive verbs in this group are also reciprocal verbs. The intransitive verbs in this group are reciprocal verbs (see Unit 14).

H **Choose from the verbs above and complete the sentences. Use the correct form of the verb.**

1 En gång försökte min storebror *lura* mig den 1 april. Jag blev så arg att jag
_____ honom i tummen. Han fick stora märken efter mina tänder.

2 Gå inte nära den där hästen. Den är aggressiv och den brukar _____. En gång
_____ den mig så hårt i magen att jag svimmade.

3 När jag var liten brukade min pappa _____ mig under fötterna när han skulle
väcka mig.

4 Det var mycket folk på bussen och många _____ när de skulle gå av vid
hållplatsen.

*When you learn a new verb, you need to learn what
construction it has; for example, some verbs, like in English, can
have two objects:* **Jag skickar ett mejl till dig.** *(I send an email
to you.)* **Jag skickar dig ett mejl.** *(I will send you an email.)*
As you can see the Swedish verb **skickar** *functions much the
same as the English 'send'. This is not the case with all verbs.
A rather common Swedish verb which Swedish learners often
make mistakes with is* **bestämmer sig för att**, *for example:* **Jag
bestämde mig för att ge honom en kyss.** *(I decided to give
him a kiss.)*

Byter, växlar, ändrar, förändrar *(change/exchange)*

Byter, växlar, förändrar and **ändrar** are examples of verbs which can be used with or without an object depending on the context; and they can all be translated to *change* or *exchange* in English. Therefore it is important to study these words in different kinds of sentences.

Jag skulle vilja *byta* den här klänningen till en större storlek. *(I would like to exchange this dress for a larger size.)*

Jag har *förändrats* mycket sedan jag var barn. *(I have changed a lot since I was a child.)*

Vädret *växlar* mycket I Skottland. *(The weather changes a lot in Scotland.)*

Var kan jag *växla* dollar till svenska kronor? *(Where can I exchange dollars to Swedish kronor?)*

Från den 1 juli har vi *ändrat* våra öppettider. *(From 1 July we have changed our opening hours.)*

Hon tänkte arbeta över men *ändrade* sig och gick på bio i stället. *(She was going to work overtime but changed her mind and went to the cinema instead.)*

I **Complete with *byter, växlar, förändrar,* or *ändrar* in the correct form.**

1   Har du tänkt på att *växla* pengar till resan? Vi behöver både euro och brittiska pund.

2   Jag har _____ arbete. Nu är jag bilförsäljare. Det är mycket bättre än mitt förra jobb!

3   När hans fru blev sjuk _____ han mycket.

4   Ellinor har _____ sig. Nu vill hon studera till advokat.

5   Någon har hackat min e-post. Jag måste _____ lösenord.

6   Plötsligt _____ vädret och solen kom fram igen.

7   Statsministern måste _____ attityd. Många är irriterade på henne nu.

8   Nästa år måste våra barn _____ skola.

J **Write your own sentences with *byter, ändrar, växlar* and *förändrar*.**

# Reading

K Read the text below and answer the questions that follow.

Hanna är ensam hemma och tittar på en katastroffilm. I filmen reser Julia och Roger på bröllopsresa med ett kryssningsfartyg. De är nära Island när båten börjar brinna. Roger är en stark och energisk man som försöker hjälpa till med att släcka branden, medan Julia skriker att hon inte vill drunkna. Det finns inte så många räddningsbåtar och många slåss om att komma fram till dem. Hanna är blek och tyst och hon biter på naglarna, medan hon tittar på filmen.

bröllopsresa	honeymoon
kryssningsfartyg	cruise ship
släcker en brand	extinguish a fire
drunknar	drown

Det visar sig att en av filmens huvudpersoner, en terrorist, försöker sänka kryssningsfartyget, därför att han tror att Sveriges kungafamilj finns ombord. Terroristen hatar alla monarkier i världen. Han är ganska ung och omogen och han har inte fått rätt information om båtens passagerare. Han trodde att en musiker som finns på fartyget och som heter King i efternamn var Sveriges kung, eftersom det stod 'King med familj' i passagerarlistan. I kolumnen för hemland stod det Sverige. Hanna börjar tycka att filmen är tråkig och lägger sig ner i soffan.

Roger och några besättningsmän lyckas släcka branden och sedan försöker de hitta terroristen som har spräckt en fönsterruta i salongen med sin knytnäve. Terroristen står och sparkar på fönsterrutan, när Julia smyger upp bakom honom och slår honom i huvudet med en whiskyflaska. Någon ropar att det har börjat brinna igen. Samtidigt hörs ett skrik från en av fartygets passagerare och Julia ser en tjock man som ligger medvetslös på golvet på andra sidan av den stora salongen. Hon springer dit och där får hon syn på Roger som håller i en brandsläckare. Hanna är trött på filmen nu och hon somnar mitt i en gäspning.

I filmen mulnar det och snart dyker stora åskmoln upp på himlen. Många av passagerarna sitter i räddningsbåtar. Plötsligt börjar det mullra, blixtra och ösregna. När åskovädret har dragit förbi brinner det inte längre på fartyget. Åskan släckte elden. Kaptenen letar efter terroristen när han möter Julia och Roger som går hand i hand på båtdäcket. De är oskadade och ser lyckliga ut. Julia säger till kaptenen att terroristen ligger död i salongen. Sedan är filmen slut. Men Hanna har somnat i soffan för länge sedan så hon får aldrig veta vad som hände.

In which order do the following events happen in the film? Arrange the sentences below in chronological order.

_ Åskregnet släcker alla bränder ombord på fartyget.

_ Det har börjat brinna igen.

_ Terroristen har spräckt en fönsterruta.

_1_ Julia och Roger är på bröllopsresa på ett kryssningsfartyg, när det börjar brinna.

_ Terroristen har tänt eld på båten därför att han vill sänka Sveriges kungafamilj i havet.

_ I slutet av filmen mår Julia och Roger jättebra.

_ Julia slår terroristen i huvudet med en whiskyflaska.

 L For some extra practice why not try the following? Examine the verbs that function as intransitive verbs in the text. Make sure that you understand them. Look them up in a dictionary and try to find out if some of them can also be used as transitive verbs in another context.

 Watch Swedish films and listen to Swedish music. Write down words and phrases from the film or lyrics that you want to learn.

Vocabulary

M Complete with the correct alternative.

1 En brandsoldat släcker _____.

   a bränt   b brinner   c bränder

2 Angelika gillar att måla sina _____ röda.

   a naglar   b fartyg   c moln

3 Lejonet _____ fram I djungeln. Ingen hör det.

   a mulnar   b smyger   c sänker

4 Han fotograferar alltid utan _____.

   a moln   b åska   c blixt

5 Himlen mörknade och det började _____.

   a mulna   b mullra   c smyga

6 De åkte _____ Göteborg och stannade inte förrän i Malmö.

   a bort   b dit   c förbi

N Word families – nouns ending with *-ing* – 'En kryssning' is a noun ending with the suffix *-ing*.
There are more of them in the text in Activity K. Find them and complete the table below.

Substantiv	English (noun)	Verb	Adjektiv/particip
1	2 *crew*	besätter	besatt
3	4	gäspar	---
en kryssning	5	kryssar	---
6	7	8	räddad
9	10	11	släckt

O For each group of words, identify the odd one out.

1 mullrar, blixtrar, skriker, regnar

2 omogen, ung, blek, smyger

3 nagel, fartyg, hand, huvud

4 himmel, musiker, kapten, kung

5 oväder, åska, ösregn, brand

When you write or talk about a film you can briefly outline the plot, describe the protagonist(s) and the actors and say what was good/bad in the film. You can also mention to whom you recommend the film, and why. In order to regularly practise writing in Swedish you can use social media and write film and book reviews in Swedish!

Writing

P Think about a film that you think is really great. Write an email to a friend telling them about the film and why you recommend it (50–80 words).

Self-check

Tick the box which matches your level of confidence.

1 = very confident   2 = needs more practice   3 = not confident

Kryssa i rutan som passar in på dig.

1 = mycket säker   2 = behöver öva mer   3 = inte alls säker

	1	2	3
Using the verbs *byter, växlar, förändrar* and *ändrar*.			
Being able to distinguish between pairs of verbs like *brinner/bränner* and *sjunker/sänker*.			
Describing the plot in a movie.			
Using verbs with and without objects.			

20 Vi reser till Finland i juli

We are travelling to Finland in July

In this unit you will learn how to:

- Describe your favourite places to visit
- Understand most prepositions in context
- Describe the past, present and future using time expressions
- Describe feelings and attitudes
- Describe when and how often things happen

CEFR: Can understand the main ideas of complex text on both concrete and abstract topics (B2); Can write clear, detailed descriptions, marking relationships between ideas in clear connected text and following the established conventions of the genre concerned (B2); Can summarize, report and give opinions about accumulated factual information on familiar matters with some confidence (B1).

Meaning and usage

Prepositions – time, feelings and attitudes

Prepositions are very frequently-used words in both Swedish and English. They never change form, and in both languages the choice of preposition normally depends on the word it governs.

A Match with the correct translation.

1 Han går _under_ smeknamnet Superman.

2 Han går _genom_ parken.

3 Han går _längs_ ån.

4 Han går _i_ skolan.

5 Han går _på_ trottoaren.

6 Han går _mot_ stationen.

a _He walks towards the station._

b _He goes to school._

c _He walks on the pavement._

d _He walks through the park._

e _He goes by the nickname Superman._

f _He walks along the river._

The prepositions **i** and **på** are among the most frequently-used words in the Swedish language. In Unit 7 the use of **i** and **på**, as well as some other prepositions, in connection with place and position were introduced. In Units 8 and 9 time expressions, often including **i** and **på**, were presented.

Prepositions often occur in idiomatic phrases, such as:

1 Verb phrases: ser _på_ (look at), **tar reda** _på_ (find out), **håller** _i_ **handen** (hold hands), **går** _i_ **ide** (hibernate), **längtar** _efter_ (long for), **vänder sig** _till_ (turn to[wards])

2 Adjective phrases: säker _på_ (sure of), **bra** _på_ (good at), **kär** _i_ (in love with), **generad** _över_ (embarrassed at), **nöjd** _med_ (satisfied with)

In many cases there is a corresponding English preposition to a Swedish one: _i_ **bilen**/_in the car. Still, it is strongly recommended to learn a preposition in its phrase/context, for example:_ **Lastbilen** _står på_ **gatan.** _(The truck is in the street.)_ **Han är** _arg på_ **mig.** _(He is angry with/at me.)_

Prepositions in time expressions

B Complete the table below with the following time expressions: _om ett år, på söndag morgon, i sommar, förra veckan/månaden, det här året._

Då	→ Nu →	Framtid
för ... sedan	nu	om en timme
	den här veckan/månaden	om en vecka/månad
förra året		
i morse/igår morse		i morgon bitti
I går	i dag	i morgon
i söndags morse		
i går kväll		i morgon kväll
i lördags (veckodagar)		på lördag
i somras (årstider)		
i april (månader)		i april
i julas (stora helger)		i jul

C Indicate whether each expression is in the past, present, or future. Tick the correct column. Then choose the correct translation. Choose between:

on Saturday evening	last spring	in a few days	in my childhood
next weekend	in a moment	nowadays	just/recently
this year	some minutes ago		

	Då	Nu	Framtid	English
om ett par dagar				
för några minuter sedan				
i år				
i våras				
nästa helg				
om en stund				
nyss				
på lördag kväll				
i min barndom				
nuförtiden				

D Complete the sentences with your own words. You might find it useful to review Units 7 and 8 as well as the rules for word order if you need to.

1 För ett år sedan *förstod jag inte den svenska grammatiken*.

2 Förra året _____.

3 På söndag _____.

4 I fredags _____.

5 Idag _____.

6 I vintras _____.

7 Om en vecka _____.

8 I sommar _____.

When do you usually...?

Question: **När brukar ... ?**   Answer: **på** + definite form singular or plural

När brukar du borsta tänderna?   På morgonen och på kvällen. / På morgnarna och
på kvällarna.

När brukar du åka till Gotland?   **På sommaren. / På somrarna.**

När brukar du gå på puben?   **På fredagar. / På fredagarna.**

E **Look at the examples above. Write your own examples with these phrases:**

1   Jag brukar _lägga mig tidigt på kvällarna._

2   Jag brukar _____.

3   Jag brukar _____.

Hur länge ... ? *(For how long ...?)*

Question: **Hur länge ... ?**   Answer: **i** (or no preposition at all) + time

Hur länge har du studerat svenska?   **I sex månader. / Sex månader.**

F **Look at the example above and write your own questions and answers.**

Hur länge _____? _____.

Hur länge _____? _____.

Hur ofta ... ? *(How often ... ?)*

Question: **Hur ofta städar du hemma
hos dig?**   Answer: **En gång om dagen/natten/dygnet/
året.**

**En gång i ekunden/minuten/timmen/
veckan/månaden.**

**Varje/varannan/var tredje/var fjärde/ var
femte ...**

Hur ofta borstar du tänderna?   **Två gånger om dagen.**

Hur ofta är det vinter-OS?   **En gång vart fjärde år.**

G **Look at the example above and write your own questions and answers.**

Questions   Answers

1   Hur ofta går du på bio? _____

2   Hur ofta talar du i telefon? _____

3   Hur ofta tvättar du håret? _____

4   Hur ofta dricker du kaffe? _____

5   Hur ofta tar du en promenad? _____

*The preposition **på** is equivalent to English 'in' in time expressions like:* **Han lärde sig svenska på ett år** *(He learnt Swedish in a year) and* **på 1800-talet** *(in the 19th century). Also keep in mind that Swedish has no equivalent to 'at' with clock time:* **Vi äter klockan sex** *(We eat at six o'clock), and no preposition before dates and years:* **Jag fyller år den 7 maj/Jag föddes 1994.**

H   Imagine that your friend wants to meet you next week and needs to know when you are free. Write an email and tell him/her about your schedule next week. Try to use as many time expressions as you can (50–80 words).

Talking about feelings and attitudes

The prepositions **för, i, på, med, mot** and **över** are common together with words that express feelings or attitudes.

I   Insert the appropriate translation. Choose from the box below.

afraid of	angry with	crazy about	happy about
in love with	kind to	proud of	satisfied with

1 arg på *angry with*

2 rädd för _____

3 stolt över _____

4 trevlig mot _____

5 tokig i _____

6 glad över _____

7 nöjd med _____

8 kär i _____

1   i → Elsa är tokig *i* **Johan, och han är galen i henne.** *(Elsa is crazy about Johan and he is crazy about her.)*

i is used for positive feelings after adjectives like: **förtjust, förälskad** and **kär.**

Åsa är förtjust *i* **köttbullar.** *(Åsa is very fond of meatballs.)*

Göran är förälskad *i* **sin klasskompis.** *(Göran is in love with his classmate.)*

Mikael är kär *i* **sin fru.** *(Mikael is in love with his wife.)*

2   på → Viktor är arg *på* **Elsa.** *(Viktor is angry at Elsa.)*

Är du pigg *på* **ett parti schack?** *(Are you keen on a game of chess?)*

På is used for negative feelings after adjectives like: **sur, ledsen, irriterad, svartsjuk, trött,** as well as in expressions of curiosity and alertness after adjectives like: **nyfiken, sugen.**

Vi är nyfikna *på* **vår nya granne.** *(We are curious about our new neighbour.)*

Nu är jag sugen *på* **glass!** *(Now I'm craving ice cream!)*

3 För → **Är du rädd _för_ hunden?** *(Are you afraid of the dog?)*

För is used in expressions of fear or nervousness after adjectives and nouns like: **rädd, orolig, skräck, ångest**.

De är oroliga _för_ sin son. *(They are worried about their son.)*

Han känner skräck _för_ att misslyckas. *(He is fearing failure.)*

Han har ångest _för_ att bli gammal. *(He is anxious about getting old.)*

4 För/över → **Jag är glad _över/för_ att jag har träffat dig.** *(I am glad to have met you.)*

Över → **Han skrek högt i glädjen _över_ att se henne.** *(He screamed in joy at seeing her.)*

För or **över** are used in expressions of happiness or sadness after adjectives like: **glad, lycklig, ledsen, olycklig.** After nouns like **glädje, lycka, entusiasm**, the preposition **över** is always used.

Jag är lycklig _över_ att vara frisk. *(I am happy to be healthy.)*

Hon är ledsen _över_ skilsmässan. *(She's sad about the divorce.)*

Han uttrycker ingen glädje _över_ det fina resultatet. *(He expresses no joy over the good result.)*

Supportrarna uttryckte stor entusiasm _över_ matchresultatet. *(The supporters expressed great enthusiasm about the match result.)*

5 Över → **Jag är stolt _över_ dig.** *(I am proud of you.)*

Över is used in expressions of pride, embarrassment and surprise after adjectives and verbs like **generad, förvånad, chockad, förvånar sig, häpnar**.

De är förvånade _över_ att svenska är så lätt. *(They are surprised that Swedish is so easy.)*

Vi är chockade _över_ chefens attityd. *(We are shocked by the manager's attitude.)*

De häpnade _över_ hans fräckhet. *(They were astonished at his audacity.)*

6 Med → **Jag är nöjd _med_ mitt liv.** *(I am satisfied with my life.)*

Med is used in expressions of satisfaction or dissatisfaction after adjectives and verbs like: **missnöjd, trivs** and **vantrivs**

Jag trivs _med_ att bo i Stockholms innerstad. *(I like living in central Stockholm.)*

Hon vantrivs _med_ sitt jobb. *(She is unhappy with her job.)*

7 **Mot** → Min syster är vänlig *mot* alla hon träffar, men hon är elak *mot* mig.
(My sister is kind to everyone she meets, but she is mean to me.)

Mot is used in expressions of kindness and its opposite after adjectives like **trevlig, artig, dum, orättvis, generös, snål.**

Han är alltid artig *mot* äldre damer. *(He is always polite to older ladies.)*

Varför är du så orättvis *mot* mig? *(Why are you so unfair to me?)*

J **Complete the sentences with the correct preposition.**

1 Hur trivs du_____din nya lägenhet?

  a på   b över   c med

2 Varför är du så arg_____din kusin?

  a på   b i   c mot

3 Blev du besviken_____mig när jag glömde att ringa?

  a på   b för   c med

4 Jag är så förtjust_____kanelbullar att jag kan äta tio på en gång.

  a på   b i   c för

5 Min pappa är lycklig_____att bli pensionär.

  a för   b i   c över

6 Min kompis är förvånad_____att jag har lärt mig så mycket svenska.

  a för   b på   c över

K **Answer the questions with an adjective that expresses a feeling.**

1 Hur känner du dig när du har försovit dig? *Stressad.*

2 Hur känner du dig när du är kär? _____

3 Hur känner du dig när din kompis inte vill följa med på bio? _____

4 Hur känner du dig när du inte kan somna? _____

5 Hur känner du dig första dagen på semestern? _____

6 Hur känner du dig när någon ger dig en present? _____

The preposition and its place in the sentence

A preposition comes normally before:

▶ a noun or a pronoun: **Jag är rädd _för_ den/åskan.** _(I am afraid of it/thunder.)_
▶ an infinitive: **Hon är rädd _för_ att gå vilse.** _(She is afraid of getting lost.)_
▶ a subordinate clause: **Vi är rädda _för_ att det ska bli statskupp.** _(We are afraid that there will be war.)_

But a preposition can also be the last part of the sentence:

▶ in a question of the following type: **Vad är ni rädda _för_?** _(What are you afraid of?)_
▶ if the object starts the sentence: **Den där ormen behöver du inte vara rädd _för_.** _(That snake, you need not be afraid of.)_
▶ in a relative clause: **Det är den där ormen som jag är rädd _för_.** _(It's that snake that I am afraid of.)_
▶ in an infinitive construction like: **Den där ormen är ingenting att vara rädd _för_.** _(That snake is nothing to be afraid of.)_

L   Make statements or questions from the words below + a preposition (för, i, på, med, mot, or över). (Review the rules for word order if necessary.)

1   förälskad / hon / inte / är / honom / längre / ?

**Är hon inte förälskad i honom längre.**

2   så / du / mig / elak / är / varför / ?

_____

3   de / oss / orättvisa / är / aldrig

_____

4   förvånade / är / vi / dina resultat

_____

5   oss / irriterad / hon / är / varför / ?

_____

6   missnöjda / verkar / de / något / ofta

_____

7   är / förtjusta / många svenskar / kanelbullar

_____

8   alltid / artig / hon / sin farmor / är

_____

What is this about? = Vad handlar det här *om*? Om → subjects, topics, etc.

In the following examples the preposition **om** refers to a subject, a topic, etc., in spoken and written communication. The English equivalent is often, but not always, *'about'.*

→ **Vad pratade ni om igår?** *(What did you talk about yesterday?)*

→ **Har du hört / sagan *om* Rödluvan / nyheten *om* Nigeria?** *(Did you hear the fairy tale about Little Red Riding Hood / the news from Nigeria?)*

→ **Jag drömmer *om* en framtid utan krig.** *(I dream about a future without wars.)*

→ **Vad är din åsikt / Vad tycker du *om* / bantning?** *(What is your opinion on dieting?)*

→ **Känner du till något *om* svensk kultur?** *(Do you know something about the Swedish culture?)*

→ **Det här påminner mig *om* min barndom.** *(This reminds me of my childhood.)*

→ **Jag kan inte något *om* svenska traditioner.** *(I don't know anything about Swedish traditions.)*

M   Finish the sentences with the preposition om and a suitable ending. Choose among the topics in the box below.

svensk grammatik	den politiska situationen	dina intressen
att ringa mormor	datateknik	judo
andra världskriget	att springa	att det
är sant	Peters nya tjej	problemet

1   Vad kan du *om svensk grammatik*?

2   I kväll måste du påminna mig_____.

3   Jag vet ingenting_____.

4   I natt drömde jag_____.

5   Hörde du_____.

6   Han säger inte vad han tycker_____.

7   Handlade filmen_____?

 Reading

Here are some words from the text below.

belägen	*situated*
bygger	*build*
sovsäck	*sleeping bag*
djurhud	*animal's skin*

N Read the web page below about Ishotellet in Jukkasjärvi, Sweden. Then complete the activity that follows.

---

  www.webpagerealia.com

Ishotellet

Om du tycker om is och snö, kan du åka till ishotellet i Jukkasjärvi, som ligger drygt två mil öster om Kiruna. Det är en av Kirunas största turistattraktioner. Det ligger på en av Sveriges kallaste och mörkaste platser, eftersom det är beläget ungefär 20 mil norr om Polcirkeln och 95 mil från Stockholm. En gång om året

börjar man bygga upp ett nytt ishotell här, som man öppnar för nattgäster i början av december.

För att bygga ishotellet behöver man 40 000 ton snö och 10 000 ton is, som man hämtar upp ur Torne älv. Det finns en speciell utbildning i skulptur, arkitektur och byggnadskonst i Jukkasjärvi, därför att man behöver folk som snabbt kan bygga upp hotellet av ny, fin is och av snöblock. Snöblocken gör man med hjälp av två snökanoner.

Alla möbler i hotellet är gjorda av is och där finns också många vackra isskulpturer och islampor. Inget hotellrum är likt ett annat, eftersom varje rum har sin egen design. Sängarna är hårda, men det finns sovsäckar och djurhudar, så gästerna behöver inte frysa. På kvällarna kan man köpa en drink i isbaren. Den serveras förstås i ett isglas. Och på morgnarna kan hotellgästerna bada bastu för att värma upp sig.

Cirka 150 000 människor besöker Jukkasjärvi varje år, men alla besökare sover inte på ishotellet. Några gifter sig, eller döper sina barn i iskyrkan som ligger bredvid hotellet och som naturligtvis också är byggd av is. Varje år gifter sig cirka 140 par där och cirka 20 barn blir döpta. Varje vår smälter hotellet och kyrkan sakta tillbaka ner i Torne Älv.

The word **älv** *(river)* is only used about rivers in the Nordic countries. Elsewhere a river is called **flod** in Swedish, or if it is not so wide it is **en å**. And if it is narrower than **en å** it is **en bäck** *(stream)*. The same thing applies with the word **en fjäll** *(mountain)*, which is just used for mountains in the Nordic countries. The word for mountains elsewhere is **ett berg**.

Correct the false statements to make them true.

1 Ishotellet är Europas största turistattraktion.

Nej, det är en av Kirunas största turistattraktioner.

2 Man behöver mycket mer is än snö när man bygger upp ishotellet.

_____

3 Det finns en speciell utbildning för att göra snöblock.

_____

4 Gästerna på ishotellet kan välja mellan att sova i en issäng eller i en varm säng.

_____

5 Ishotellet ligger cirka nittio kilometer från Stockholm.

_____

6 Alla hotellrum har samma design.

_____

 7 For some extra practice why not try the following? Have a look at all prepositions in the text that are used in contexts that are not mentioned earlier in this unit. Write a list of the phrases and expressions you find most useful and try to learn them.

Vocabulary

O **Match with the appropriate translation.**

1	utbildning *-en -ar*	a	*sauna*
2	drygt	b	*education*
3	belägen *beläget belägna*	c	*baptize*
4	sovsäck *-en -ar*	d	*slightly more than*
5	djurhud *-en -ar*	e	*situated*
6	bastu *-n -r*	f	*sleeping bag*
7	döper *döpte döpt*	g	*animal hide*

P Word families – Insert the missing words from the text in Activity N.

Noun	Present verb	Adjective/participle
en utbildning	utbildar	utbildad
dop -et Ø		
byggnad -en -er		
behov -et Ø		behövd
besök -et Ø		
design -en -er		designad
giftermål -et Ø		
		hjälpt
	möblerar	möblerad

📝 Writing

Q Imagine you are planning a holiday with some friends or with your family. You absolutely want to spend two weeks in northern Sweden. Write an email explaining to your travel companions why your idea is best (50–90 words).

 Try to search for texts in Swedish that you find interesting. Reading a lot and often can build up your automatic word decoding and thus build your reading speed and fluency.

Self-check

Tick the box which matches your level of confidence.

  1 = very confident   2 = needs more practice   3 = not confident

Kryssa i rutan som passar in på dig.

  1 = mycket säker   2 = behöver öva mer   3 = inte alls säker

	1	2	3
Describing your favourite places to visit.			
Understanding most prepositions in context.			
Describing the past, present, and future using time expressions.			
Describing feelings and attitudes.			
Describing when and how often things happen.			

Unit 1

A 1 en fisk, 2 en drottning, 3 barnet, 4 läraren, 5 en blomma, 6 ett hjärta, 7 stationen, 8 biblioteket

B 1 pratar 2 pratade 3 pratar 4 pratar 5 pratar 6 pratade

C 2 Hon 3 Den 4 Han 5 Vi 6 De 7 Jag

D 1 billiga 2 svensk 3 varmt

E (sometimes alternatives are possible) **en stor familj, ett stort hotell, en kall vinterdag, en gul banan, ett stort äpple, en trevlig lektion, ett vackert hus, en dyr restaurang, en trevlig film**

G 1 place 2 place 3 place 4 time

H 1 d, 2 c, 3 g, 4 a, 5 h, 6 b, 7 f, 8 e

I 2 3.35 **Den är fem över halv fyra.**

3 11.20 **Den är tjugo över elva.**

4 12.30 **Den är halv ett.**

5 1.15 **Den är kvart över ett.**

6 4.40 **Den är tjugo i fem.**

7 7.55 **Den är fem i åtta.**

8 9.55 **Den är fem i tio.**

9 8.25 **Den är fem i halv nio.**

10 2.50 **Den är tio i tre.**

J 2 7/8 = **den sjunde augusti**

3 6/7 = **den sjätte juli**

4 3/11 = **den tredje november**

5 18/5 = **den artonde maj**

6 28/2 = **den tjugoåttonde februari**

K 2 **tisdag**

3 **torsdag**

4 **lördag och söndag**

5 **onsdag**

6 (= Which day do you like best?)

L 2 Bill äter mat.

   3 Eva skriver ett mejl.

   4 Jag studerar svenska.

   5 Erik dansar tango.

   6 Jag sitter på stolen.

   7 Tove äter aldrig äpplen.

M Hon är naturfotograf.

N 1 nej 2 nej 3 ja 4 ja 5 ja 6 nej

O 2 en skräckfilm 3 en naturfotograf 4 en nationalpark 5 en fototidning

Unit 2

A 2 Hon sitter och läser och han lagar mat.

   3 Jag är ledig i morgon så jag kan sova länge.

   4 Jag kan det här för jag har studerat mycket.

   5 Jag vill leta information på internet men min dator fungerar inte.

   6 Han börjar jobba klockan sju på morgonen så han måste vakna tidigt.

B 3 Bor Ulla i Göteborg?

   4 De kommer i morgon.

   5 Börjar vi klockan tolv?

   6 Börjar vi nu?

   7 Han väntar på dig i morgon.

C 2 Talar din kompis bra svenska?

   3 Vad har Katrin för adress?

   4 Är din lärare från Sverige?

   5 Varför studerar du svenska?

   6 Läser du tidningen varje dag?

D 1 **Stäng dörren!** *Shut the door!*

2 **Släck lyset!** *Turn the light off!*

3 **Sätt på datorn!** *Turn on the computer!*

4 **Håll tyst!** *Keep quiet!*

5 **Ring mig i morgon!** *Call me tomorrow!*

6 **Lämna tillbaka boken!** *Return the book!*

E 1 **Varför kommer hon inte?**

2 **Jag har inte bil.**

3 **Restaurangen är inte öppen.**

4 **Varför är restaurangen inte öppen?**

5 **Vi spelar inte fotboll.**

6 **Vilka ord förstår du inte?**

F 1 **Varför arbetar hon sällan på måndagar?**

2 **Varför kommer farfar redan klockan sju?**

3 **Går du ofta på teater?**

4 **Är Alice verkligen 85 år?**

5 **Vad gör du vanligen på söndagarna?**

6 **Varför går du aldrig på bio?**

H **För där finns de flesta jobben. / Därför att där kan man få jobb. / Därför att där finns jobben. /etc.**

I 1 **Sverige. / I Sverige.**

2 **I Drottningholms slott (utanför Stockholms centrum).**

3 **Nej. / Nej, han får inte arbeta med politik.**

4 **I Gamla Stan i Stockholm.**

5 **Mer än 100 000. / Det finns mer än 100 000 sjöar i Sverige.**

6 **Mer än 50 %. / Mer än 50 % av Sveriges yta är skog.**

J **1 d** *the majority*

2 i *member*

3 a *currency*

4 h *most densely populated*

5 b *power*

6 f *lake*

7 c *watercourse*

8 j *forest*

9 g *mountain*

10 e *nature*

K **1** är **2** finns **3** ligger **4** ligger **5** är **6** finns

L **1** c, **2** b, **3** a, **4** b, **5** c

M **1** makt **2** Tyskland **3** Gamla Stan **4** valuta **5** många

Unit 3

A

Verb groups:	Imperativ	Presens	Infinitiv
	(= stem)	(+r/+er)	(+a)
1	prata	pratar	prata
2A	stäng	stänger	stänga
2B	läs	läser	läsa
3	tro	tror	tro
4	drick	dricker	dricka
(irregular)	var	är	vara

B

Verb groups:	Imperativ	Presens	Infinitiv
1	tala	talar	tala
2A	behöv	behöver	behöva
2B	sök	söker	söka
3	bo	bor	bo
4	sitt	sitter	sitta

C **1** *can* **2** *want* **3** *must/have to* **4** *need* **6** *get/receive*

D Kan du prata svenska?

E **1** undervisar **2** vakna **3** stiger **4** duscha **5** klär **6** äter **7** gå **8** promenerar

G **2** Jag vill studera svenska.

  3 Vi får inte komma försent.

  4 Martin behöver inte vakna tidigt.

  5 Kan du tala svenska?

  6 Nu måste jag somna.

  7 Jag brukar jobba på lördagar.

H **1** brukar/måste/behöver

  2 Kan / Vill

  3 måste

  4 kan/vill

  5 brukar

I **2** Nej, det är vi inte.

  3 Ja, det får ni.

  4 Ja, det måste hon.

  5 Nej, det behöver jag inte.

K Lyssna på musik. / Han får lyssna på musik mer än en timme om dagen.

L **1** Det kan man inte veta. **2** Rätt. **3** Fel. **4** Rätt. **5** Det kan man inte veta. **6** Det kan man inte veta.

  7 In two main clauses that are bound together with **'och'** you don't need to repeat the subject if it is the same, just like in English: **Varje dag måste Tor** *bädda* **sängen och** *hänga* **upp kläderna.**

M **2** *vacuum* **3** *wash the dishes* **5** *iron* **6** *clean*

O **2** snäll **3** vardagar **4** diskar **5** ofta **6** frukost **7** stryka

P **2** stiga **3** kläder **4** gemensamt **5** lycklig **6** aldrig

Unit 4

A

	Subject	Object
studenterna	x	
en text		x
Flickan	x	
kaffe		x
Mamman och pappan	x	
ett problem		x
Pojken	x	
frukost		x

B

Singular	Plural	Singular	Plural
en vecka	veckor	en timme	timmar
ett kök	kök	en skola	skolor
ett rum	rum	ett dataspel	dataspel

C 1 gator 2 telefoner 3 barn 4 ansikten 5 timmar 6 bullar 7 tavlor 8 fåtöljer

D en-nouns: radio, restaurang, hamburgare, buss
ett-nouns: språk, papper, universitet

E 2 klocka 3 pausen 4 barnet 5 distanskurs 6 kursen

F 2 en tidning   tidningar   tidningarna

3 en polis   poliser   poliserna

4 ett paket   paket   paketen

5 ett äpple   äpplen   äpplena

6 en lärare   lärare   lärarna

G Villan – rum – kök – familjen – barn – köket – matbord – stolar – matbordet – stolarna

H 1 *This is Lena's bike.*

2 *The owner of the bike is Lena.*

3 *This is the bicycle of the future.*

4 *The future of the bicycle is bright.*

I 2 Det är Monas katt. 4 Sveriges huvudstad är Stockholm.

J 2 Sveriges kung 3 Skottlands ekonomi 4 husets tak / hustaket 5 Rysslands president

K Den är på två rum och kök.

L 1 Fyra. / Det finns fyra taklampor I flyttbilen.

2 Därför att han är trött.

3 Hon möblerar.

4 Bredvid soffan. / Hon ställer golvlampan bredvid soffan.

5 Han hänger upp taklamporna i köket.

6 Han blir pigg och hänger in kläderna i garderoben och ställer böckerna i bokhyllan.

M 1 *bookshelves* **2** *wardrobe* **3** *dining table* **4** *sofa* **5** *frying pan*

N

vardagsrum	kök	sovrum
bokhylla	bestick	garderob
dator	gryta	matta
fåtölj	matbord	spegel
matta	matta	stol
soffa	porslin	säng
soffbord	stol	taklampa
stol	stekpanna	tavla
taklampa	taklampa	
tavla	tavla	

P

	Singular	Plural		
obestämd form	bestämd form	obestämd form	bestämd form	English
bostadshus	bostadshuset	bostadshus	bostadshusen	*residential building*
pensionär	pensionären	pensionärer	pensionärerna	*senior citizen*
lägenhet	lägenheten	lägenheter	lägenheterna	*flat, apartment*
sak	saken	saker	sakerna	*thing, object*
barn	barnet	barn	barnen	*child*
restaurang	restaurangen	restaurnager	restaurangerna	*restaurant*

Q **2** b, **3** c, **4** c, **5** a, **6** a

R **1** glasögon **2** tak **3** hund **4** kamera **5** kaffe

Unit 5

A

	Indefinite form	Definite form	T-form (function as an adverb)
en-words	rolig	roliga	roligt
ett-words	roligt	roliga	roligt
plural	roliga	roliga	roligt

B **2** lugn **3** ledig **4** brittiska **5** långt **6** röda

C

lat	*lazy*	duktig	*good/capable/fine*
rik	*rich*	smart	*smart*
flitig	*diligent*	sjuk	*ill*
smutsig	*dirty*	arg	*angry*
snäll	*kind*	tjock	*fat*
stark	*strong*	billig	*cheap*
glad	*happy*	fattig	*poor*

D **2** hungriga **3** snälla **4** starka **5** rika **6** sjuka

E **bra** = *good*, **kul** = *fun*, **svart** = *black*, **ny** = *new*, **kort** = *short*, **hård** = *hard*, **röd** = *red*, **vacker** = *beautiful*, **enkel** = *simple*, **gammal** = *old*

F **1** gamla **2** vackra **3** svart **4** enkel **5** bra **6** rött

G Liten – lilla – litet – små – lilla – små

I *curly* = **lockig**, *side-whiskers* = **polisonger**, *fat* = **tjock**, *beautiful* = **vacker**, *kind* = **snäll**, *unpleasant* = **otrevlig**, *pretty* = **söt**, *thin, skinny* = **mager**, *beard* = **skägg**, *shy* = **blyg**, *sad* = **ledsen**, *funny* = **rolig**

K Lena har en tvårumslägenhet. / Lenar har två rum och kök. / Lena har en tvåa.

L **1** De är gula.

    2 I sovalkoven.

    3 En säng och en byrå.

    4 Kända konstnärer.

    5 Det är ostädat och smutsigt i hennes studentrum.

    6 För att det ligger många böcker och mycket kläder på mattan.

M **2** liten **3** smal **4** mjuk **5** värdefull **6** smutsig **7** kort

N **1** b, **2** a, **3** b, **4** c, **5** a, **6** c

O **1** stor **2** matta **3** stol **4** smutsig

Unit 6

A Den (= Vänern) ligger i sydvästra Sverige. *Greta Garbo* är ett känt svenskt namn. Hon (= Greta Garbo) bodde i Hollywood en period av sitt liv. *Björn Borg* är svensk. Han (= Björn Borg) var en duktig tennisspelare. ABBA bestod av *Anni-Frid, Agneta, Benny och Björn*. De (= Anni-Frid, Agneta, Benny och Björn) är kända i hela världen.

B **1** honom **2** Vi **3** Den **4** henne **5** De **6** dem **7** Ni **8** Hon

C **1** Du kammar dig. *You comb yourself.*

    2 Hon kammar sig. *She combs herself.*

    3 Han kammar sig. *He combs himself.*

    4 Vi kammar oss. *We comb ourselves.*

    5 Ni kammar er. *You comb yourselves.*

    6 De kammar sig. *They comb themselves.*

D **1** aktar sig = *watch out*, **2** gifter sig = *marry*, **3** klipper sig = *cut your hair*,
    4 koncentrerar sig = *concentrate*, **5** lär sig = *learn*, **6** sminkar sig = *put on make-up*,
    7 ställer sig = *stand up*, **8** torkar sig = *wipe*, **9** bestämmer sig = *decide*, **10** kammar sig = *comb*,
    11 klär på sig = *get dressed*, **12** lägger sig = *go to bed*, **13** rakar sig = *shave*,
    14 skyndar sig = *hurry*, **15** sätter sig = *sit down*, **16** tvättar sig = *wash*

E **1** er **2** sig **3** sig **4** oss **5** dig

F **1** tvättar mig **2** sätta sig **3** akta er **4** lägger mig **5** lära oss **6** koncentrera mig

G Min – Mina

H 2 Hans cykel är gul.

   3 Vår villa är stor.

   4 Deras kompisar är trevliga.

   5 Din bror är snygg.

   6 Era föräldrar är unga.

   7 Hennes lärare är snäll.

I 2 sin 3 dina 4 hans 5 Min 6 er 7 vårt 8 sin

J Varför studerar du svenska? = *Why do you study Swedish?*

   När studerar du svenska? = *When do you study Swedish?*

   Var studerar du svenska? = *Where do you study Swedish?*

   Vem studerar svenska? = *Who studies Swedish?*

K 1 Vilken 2 Var 3 Hur 4 När 5 Vart 6 Varför

L Ja, det vill hon.

M 1 Hon studerar historia.

   2 Gå på bio och fester. / Hon går på bio och fester tillsammans med dem.

   3 Spanska och engelska. / Han talar spanska och engelska.

   4 De kommer från Chile.

   5 Han vill gifta sig med Monika.

   6 Därför att hon inte har några böcker i väskan.

   7 När emigrerade Pablos föräldrar till Kanada?

   8 Hur ofta chattar Axel och Monika?

   9 Var bor Monika?

O 1 f, 2 d, 3 e, 4 g, 5 a, 6 c, 7 b

P 1 b, 2 b, 3 a, 4 c, 5 b

Q 1 dag 2 pojkvän 3 historia 4 kompis 5 måste

Unit 7

A 2 på 3 på 4 på 5 i, i 6 på

B I – genom – till – i – hos – till – mot/längs/till

C Adverb modifying a verb expressing the idea of place or position: **hemma**

Adverb modifying verb which express a movement towards or away from something: **hem**

D 2 hem 3 inne 4 fram 5 Vart 6 ute

E sitter – ligger – står

F 2 ligger 3 sitter 4 står 5 ligger 6 sitter 7 står 8 ligger

G Exempel:

Boken ligger på köksbordet. Vasen står på köksbordet/i fönstret. Katten ligger under stolen. Hunden ligger på mattan. Kaffekannan står på köksbordet. Pojken ligger i badkaret. Pennan ligger på golvet. Piloten sitter i flygplanet. Affischen sitter på väggen. Bussföraren sitter i bussen.

I 1 e, 2 f, 3 d, 4 c, 5 a, 6 b

K Horisontell: 2 delar 5 ärkebiskop 7 äldst
Vertikal: 1 grundades 3 växt 4 torn 6 kommun

L 2 vacker 3 resor 4 sedan 5 alltså 6 stad

Unit 8

A 1 future 2 now 3 now 4 future

B 2 i år = *this year* 3 i hela mitt liv = *my whole life* 4 den här veckan = *this week* 6 den här hösten = *this autumn*

C 1 c, 2 b, 3 a, 4 c, 5 a, 6 c

D på söndag = *next Sunday*, i morgon bitti = *tomorrow morning,* om en månad = *next month*, nästa år = *next year*, nästa vecka = *next week*

E 2 Eva har ringt till mamma. 3 Vi har köpt en ny bil. 4 Helena har reparerat bilen. 5 De har druckit kaffe.

F 1 b, 2 a, 3 a, 4 c, 5 c, 6 b

G 1 b, 2 d, 3 e, 4 a, 5 c

H 1 j, 2 g, 3 h, 4 d, 5 b, 6 e, 7 i, 8 a, 9 c, 10 f

K Därför att han behöver hjälp med sin dator.

L   **1** Johan.   **2** Nej, det gör de inte.   **3** Nej, det är hon inte.   **4** Till Grekland.
      5 Kanelbullar.   **6** Han kan inte starta den.

M   **2** hungrig   **3** osäker   **4** lite   **5** startar   **6** älskar   **7** välkommen

N   **1** c,   **2** a,   **3** a,   **4** b,   **5** a

O   **2** fungera   **3** svara   **4** bestäm   **5** betala   **6** instruktion -en, -er   **7** försök

P   **1** en stock   **2** en näktergal   **3** en kvarn   **4** en varg   **5** en mus   **6** en björn

Unit 9

A   **2** *a year ago*   **3** *in my whole life*   **4** *last spring*   **5** *yesterday*   **6** *yesterday morning*

B   **2** hade ätit   **3** hade åkt   **4** hade kommit

C   **2** nej   **3** nej   **4** ja   **5** nej

D   **1** b,   **2** a,   **3** b,   **4** c,   **5** c,   **6** b,   **7** b,   **8** a

F   **2** bodde   **3** har försökt   **4** slutade   **5** läste   **6** har existerat

G   **1** j,   **2** h,   **3** i,   **4** g,   **5** a,   **6** d,   **7** b,   **8** c,   **9** e,   **10** f

I   Han var 63 år gammal när han dog.

J   **2**   Hur länge bodde de i Ryssland?

      3   Hur många fabriker ägde Alfred Nobel när han dog?

      4   Vilket var Alfred Nobels favoritämne?

      5   Hur många gånger var Alfred Nobel gift?

      6   När kontaktade Alfred Nobel en advokat?

K   **1** c,   **2** b,   **3** a,   **4** b,   **5** a

L   **1** fred   **2** advokat   **3** katastrof   **4** intresse

M   **1** december   **2** bröder   **3** fred   **4** sjuk   **5** intresse   **6** stannade

Unit 10

A The underlined phrases are subordinate clauses.

B **2** När sommaren kommer <u>**åker vi på semester.**</u>

3 <u>Han studerar svenska</u> därför att han ska flytta till Sverige.

4 <u>Läraren frågar</u> om **alla har förstått texten.**

5 **Om du inte lyssnar på mig** <u>blir jag ledsen</u>.

C **1** indirect **2** direct **3** direct **4** indirect

D **Jag skulle gå till jobbet om jag inte var sjuk. Jag ska gå och lägga mig nu eftersom jag är trött. Vi gick en promenad fastän det regnade.**

E **därför att han är rik** = casual clause **Innan Mona gifte sig med Adam** = time clause

F **2** ...apoteket ligger. **3** ... vi har glömt att köpa potatis. **4** ... tvättmaskinen inte fungerar. **5** ... jag tar bussen hem. **6** ... jag inte förstår.

G **2** ... var hennes nycklar är. **3** ... hon behöver en kopp kaffe. **4** ... var toaletten är. **5** Gunnar frågar om han kan parkera här. **6** Kamilla säger att hon inte kommer imorgon. **7** Eva säger att hon inte har tid att laga mat. **8** Sven säger att han alltid brukar städa på måndagar.

H **2** Jag har köpt en ny cykel, trots att jag aldrig brukar cykla. **3** Kan du tala om för mig, hur mycket klockan är? **4** Innan han åkte till Sverige, hade han aldrig varit utomlands. **5** Eftersom han inte mår så bra, ska han stanna hemma från jobbet.

I **2** där **3** där **4** dit **5** som **6** som

J **1** f, **2** d, **3** c, **4** g, **5** a, **6** h, **7** e, **8** b

L **2** Now: Om jag hade tid skulle jag spela tennis. Then: Om jag hade haft tid skulle jag ha spelat tennis.

3 Now: Om jag hade en hund skulle jag promenera mycket. Then: Om jag hade haft en hund skulle jag ha promenerat mycket.

M Sex år.

N **1** Franska, tyska, holländska och svenska. **2** 1644. **3** Därför att hon tyckte om att tala med lärda personer. **4** Därför att hon inte tyckte om den kulturella miljön i Sverige.

O **1** Drottning Kristina väntade i **12** år innan hon blev drottning. **2** Drottning Kristina var <u>morgonpigg</u> **så hon** <u>steg upp tidigt på morgnarna</u>. **3** Descartes dog av lunginflammation efter bara några månader. **4** Drottning Kristina bodde i Stockholm när hon blev drottning. **5** Drottning Kristina ville inte gifta sig.

P **1** lärd **2** konst **3** jagar **4** politiker **5** viktig **6** flytande **7** slott **8** miljö **9** författare **10** kyrka

Q 1 centralvärme 2 drottning 3 morgonpigg 4 rad 5 miljön 6 jagar

R 1 filosofi 2 teologi 3 stormakt 4 slott

Unit 11

A **ingen** = together with an en-noun, **inget** = together with an ett-noun, **inga** = plural

B 1 e, 2 c, 3 f, 4 a, 5 b, 6 d

C 1 hela 2 Sådana 3 annan 4 Allt 5 hel 6 annat 7 hela 8 någon

D 1 b, 2 d, 3 c, 4 a

E 1 någon – inget – ingen – inga 2 någon – inga – ingen

F 2 Han brukar inte ha någon mat hemma. 3 Hon behöver inte köpa någon ny cykel i år. 4 De ska inte ha någon semester i juli. 5 Hon brukar inte ha några pengar i sin plånbok. 6 Han får inte köpa någon vinflaska på Systembolaget.

G 2 ... han inte har någon bok. 3 ... hon inte har någon tv. 4 ... han inte har några pengar. 5 ... hon inte har något lexikon.

I 1 man – man – sin 2 ens 3 Man – en

J Vilhelm Moberg

K 1 Man kan möta figurer från Astrid Lindgrens barnböcker. 2 Villa Villekulla.
3 Ja, det gör det. / Ja, det finns ponnyer. 4 I östra Småland. 5 På 1700-talet.
6 Mer än en miljon (personer).

L 1 munblåst 2 landskap 3 skog 4 smaker 5 turistmål 6 besökare

M 1 glasbruk 2 nöjespark 3 mål 4 världen 5 utflykt

N Horisontell: 2 utvandring   6 tillsalu till   7 exempelvis
Vertikal: 1 provar   3 tillverkar   4 naturligtvis   5 miljö

Unit 12

A **Svensk** modifies a singular en- word. **Svenskt** modifies a singular ett- word. **Svenska** modifies a plural word.

B 1 Obestämd form för både adjektiv och substantiv 2 adjektiv = bestämd form och substantiv = obestämd form 3 adjektiv = bestämd form och substantiv = bestämd form

C 2 ett paraply – grönt 3 ... en ny soffa. 4 ... gula blommor.
5 ... grönt te. 6 ... stora smörgåsar.

D 1 b, 2 a, 3 b, 4 a, 5 b

E   2 den norska staden 3 röda väskan 4 det nya hotellet 5 gula hatten

F   **tröja, skärp and byxor:** nouns have indefinite form after possessive pronoun (**min/mina**) **vecka:** nouns have indefinite form after '**nästa**'. **Kläder:** nouns have indefinite form after 'samma'

G   2 gröna blus 3 trevliga kompisar 4 rika kusiner 5 billiga hus 6 röda håret

H   2 snäll – snälla 3 gamla – gammalt 4 mörkt – mörkt 5 brunt – bruna

I   1 *hand*   2 *book*   3 *country* 4 *farmer* 5 *man* 6 *brother* 8 *daughter* 9 *stripe* 10 *foot* 11 *town* 12 *member* 13 *beach* 14 *root* 15 *tooth* 16 *son*

K   1 c, 2 f, 3 g, 4 h, 5 d, 6 a, 7 e, 8 b

L   Bara i Sverige.

M   1 På 1700-talet. 2 Det var billigare än annan tobak. 3 Huvudgatan i de svenskamerikanska stadsdelarna. 4 Sex miljoner. 5 Därför att det blev populärt att röka cigarrer och cigarretter. 6 På 1960-talet.

N   2 c, 3 a, 4 a, 5 b, 6 c

O   1 dosa 2 huvudgata 3 mage 4 konsumerar 5 säljer

Unit 13

A   **flög, flugit,** *fly* – **knöt, knutit,** *tie* – **kröp, krupit,** *crawl,* **ljög, ljugit,** *lie* – **sjöng, sjungit,** *sing*

B   1 *shine* 2 *turn* 3 *hit* 4 *get done/have time* 5 *sit* 6 *enjoy*

C   1 satt 2 hunnit 3 skiner 4 slår 5 vred 6 hann

D   1 d, 2 f, 3 c, 4 g, 5 e, 6 a, 7 b

F   The present form uses the vowel å. In the past form, the vowel changes. In the supine form, the **å** stays, but the form ends with two **t**'s.

G   1 såg – gick 2 dog 3 stått – sett – gått

H   1 sov 2 gjorde 3 haft 4 lägga 5 varit

I

Present	Past	Supine	English
kan	kunde	kunnat	*can*
kommer	kom	kommit	*come*
stjäl	stal	stulit	*steal*
säger	sa(de)	sagt	*say*
vet	visste	vetat	*know*
väljer	valde	valt	*choose*

J   **1** sagt   **2** stal   **3** valde   **4** vet   **5** kommit

K

Imperativ	Infinitiv	Presens	Preteritum	Supinum
anse!	anse	anser	ansåg	ansett
avbryt!	avbryta	avbryter	avbröt	avbrutit
behåll!	behålla	behåller	behöll	behållit
fortsätt!	fortsätta	fortsätter	fortsatte	fortsatt

L

Present	Past	Supine
avgör	avgjorde	avgjort
bedrar	bedrog	bedragit
deltar	deltog	deltagit
förbjuder	förbjöd	förbjudit
förstår	förstod	förstått

M   **1** förbjudit   **2** deltar   **3** avgjorde   **4** förstått   **5** bedragit

N   Det kanske betyder 'från viken'.

O   **1** Deras dröm om paradiset såg ut som en evig fest med Oden.   **2** Tor.   **3** På ön Björkö i Mälaren. **4** En kristen fransk munk.   **5** Runristaren.

P   Horisontell: **1** fest   **5** passerar   **7** ibland
       Vertikal: **2** startar   **3** berömd   **4** handelsman   **6** skicklig

Q   **1** a,   **2** b,   **3** a,   **4** c,   **5** b,   **6** c

R   **1** hantverkare   **2** släktingar   **3** gemensam   **4** fjord   **5** makt

Unit 14

A **2** *We hope it will not start raining.* **3** *The pie is heated in the oven for 20 minutes.* **4** *See you tomorrow!* **5** *The car was stopped at the border.* **6** *She sweats a lot when she is working out at the gym.* **7** *The ambulance was alerted at midnight.* **8** *There are no lions in the Swedish forests.*

B stängs – stängdes – stängts

jagas – jagades – jagats

skrivs – skrevs – skrivits

kläs – kläddes – klätts

C **2** diskuteras **3** byggts **4** applåderades **5** stängs **6** besöktes

D **2** Man städar toaletterna varje dag. **3** Man bör servera vitt vin kallt. **4** Man presenterade en ny bilmodell på tevereklamen igår. **5** Man säljer lampor till extrapris den här veckan.

E **2** Hur stavas ditt förnamn? **3** Mjölken måste ställas i kylskåpet. **4** Potatisen ska kokas. **5** Paket kan hämtas på posten efter klockan 10.

G

Infinitiv	Presens	Preteritum	Supinum
finnas	finns	fanns	funnits
hoppas	hoppas	hoppades	hoppats
kräkas	kräks	kräktes	kräkts
lyckas	lyckas	lyckades	lyckats
låtsas	låtsas	låtsades	låtsats
skämmas	skäms	skämdes	skämts
svettas	svettas	svettades	svettats
synas	syns	syntes	synts
åldras	åldras	åldrades	åldrats

H **2** ... man gråter när man har solglasögon. **3** ... du koncentrerar dig. **4** ... min syster klarar körkortsprovet på måndag. **5** ... sin fula gamla cykel. **6** ... grammatikreglerna som de lärde sig igår.

I **2** kräkas **3** Andas **4** finns **5** skäms **6** åldrats **7** trivdes

J I trädgården.

K **1** De har ett barn. **2** Därför att hon har krockat med en bil. **3** Hon hade svårt att andas och hon svettades mycket. **4** Hon trivs bra där. **5** Därför att hon ska fixa drinkar till festen. **6** En fiskgryta.

L **2** fin **3** enkel **4** gammal **5** dyr **6** färsk

M **1** b, **2** c, **3** c, **4** a, **5** a

N **1** avdelning **2** Trivs **3** Plötsligt **4** består **5** förbereder **6** trädgården

O substantiv: en ambulans, en läkare, en röntgenbild, en avdelning, ortopedavdelningen

verb: kräks, svimmar, andas, mår, röntgar, bryter (benet), skadar (revbenet)

Unit 15

A **1** gå över **2** gå av **3** gå in **4** gå bort **5** gå ut **6** gå förbi **7** gå på **8** gå åt **9** gå upp **10** gå ner **11** gå under **12** gå undan

B

verb + prepostion	verb + partikel
De går på trottoaren.	Tyckte du om filmen?
Vad tyckte du om filmen?	De går på bussen.
Han sätter sig på hatten.	Hon sätter på sig hatten.
Han håller i hatten.	

C **2** gick under **3** gå på **4** går förbi **5** gick åt **6** går ner

D **1** På kvällen brukar jag inte komma hem förrän klockan åtta. **2** Igår gick Maria inte ut på hela dagen. **3** Jag hoppas att du kommer ihåg att ringa till mig i kväll. **4** Vad håller du på med? **5** Hon säger att hon brukar gå upp klockan fem på morgnarna. **6** Hans fru brukar ofta åka bort på helgerna.

E **1** Without particle: *In the evening I usually don't arrive until eight o' clock.* **With particle:** *… I usually don't get home …* **3** Without particle: *I hope you will call me tonight.* **With particle:** *I hope you will remember to call me tonight.* **5** Without particle: *She says that she usually leaves at five in the mornings.* **With particle:** *She says that she usually gets up at five in the mornings.*

F **1** hålla med **2** hålla till **3** hålla tillbaka **4** hålla av **5** hålla kvar **6** hålla upp
7 hålla ut **8** hålla in **9** hålla fram **10** hålla ihop

G **2** håller inte med **3** hållit ihop **4** håller ofta till **5** höll läraren ofta kvar **6** håller det upp

H **2** Idag ser du ut som en blomma. **3** Igår såg du sjuk ut. **4** Lena och Ahmed ser lyckliga ut. **5** Himlen ser mörk ut.

I **2** tillhör **3** bjuda in **4** vecklade ut **5** Ingår **6** utvecklats

J Hon kanske ser ledsen ut därför att hon är mycket trött.

K **4** Niklas låser bilen när han kommer till stormarknadens parkering.

1 Susanna ska jobba idag, men Niklas är ledig.

6 På kvällen ska Niklas överraska Susanna med en middag.

2 Efter frukosten städar Niklas köket.

5 Niklas äter lunch med sin mamma på en thailändsk restaurang.

3 Bilen startar inte så Niklas ber en granne om hjälp.

L **1** b, **2** a, **3** a, **4** c, **5** b

M **2** kommer brudparet in **3** laddat ur **4** sätta på **5** plocka ner **6** kommer vi fram **7** kommer inte ihåg

N **1** gäspar **2** kundvagn **3** överraskar **4** mataffär

Unit 16

A **1** *understanding* **2** *crying* **3** *worrying*

B **1** b, **2** e, **3** c, **4** a, **5** d

C **1** *I love travelling.* **2** *The mourners came into the church at noon.* **3** *The students get a discount on the ticket price.*

D längtande, stirrande, väx, gående, läsande, sov

E **1** stirrande **2** längtande **3** sovande **4** döende **5** växande

F **1** a, **2** b, **3** c

G **2** räknade **3** stängda **4** släckta **5** reparerade **6** anställd

H **2** Affärerna har stängts. **3** Rummet har inte städats. **4** Alla har informerats.

I bjuden, bjudna, bjudna, läst, läst, lästa, lästa, klädd, klätt, klädda, tvättat, tvättad, tvättat, tvättade, bundet, bundna, beställt, beställd, beställda, beställda

J **2** bundna **3** klädd **4** bjudna **5** beställda **6** läst

K **2** *change clothes* = **klär om** **3** *restart* = **börjar om** **4** *remake, alter (clothes or textiles)* = **syr om** **5** *connect in another way* = **kopplar om** **6** *repaint* = **målar om**

L **2** läst om **3** måla om **4** klä om **5** skrev om **6** ta om / läsa om

M **2** är avstängt **3** är nerpackade **4** är överkörd **5** är uppdrucket **6** är bortkastad

N 1969

O 1 Fyra år. 2 Hon var utrikesminister. 3 Hon var välklädd och leende. 4 Införande av euron i Sverige. 5 Därför att hon var en av de mest efterfrågade politikerna på ja-sidan. 6 Anna Lindh blev attackerad och knivskuren.

P 1 a, 2 b, 3 a, 4 a, 5 c

Q 2 skära 3 dömd 4 välja 5 förändrade 6 överallt

R 1 mördare 2 överallt 3 död 4 inför 5 allvarlig

Unit 17

A varmare – varmast – varm

B 1 d, 2 e, 3 a, 4 b, 5 c

D 1 b, 2 e, 3 a, 4 d, 5 c

F

varm	varmare	varmast	varmaste
god	godare	godast	godaste
duktig	duktigare	duktigast	duktigaste

G 1 b, 2 c, 3 a, 4 c, 5 c, 6 b

H

Positiv	Komparativ	Superlativ	Superlativ best	English
bra	bättre	bäst	bästa	*good*
dålig	sämre	sämst	sämsta	*bad*
liten	mindre	minst	minsta	*small*
stor	större	störst	största	*big*
gammal	äldre	äldst	äldsta	*old*
ung	yngre	yngst	yngsta	*young*
många	fler	flest	flesta	*many*
mycket	mer	mest	mesta	*much*
lång	längre	längst	längsta	*long/tall*
låg	lägre	lägst	lägsta	*low*
tung	tyngre	tyngst	tyngsta	*heavy*

I 2 längre 3 bättre 4 större 5 mindre 6 ung

J 1 bäst – bäst 2 äldre –äldre –äldst 3 minst – mindre – minst

K 1 mest känd – mer känd – mer känd 2 fler – fler – flest 3 bekvämare – bekvämast – bekvämaste 4 mer logiskt – mest logiska 5 mer intresserad – mest intresserad 6 regnigare – regnigast – regnigast 7 mest spännande

L Anders

M 1 fel 2 fel 3 det kan man inte veta 4 rätt 5 rätt 6 rätt 7 fel

N 2 dyr 3 pigg 4 kort 5 tjock 6 ledsen 7 ointelligent 8 dålig

O 1 b, 2 c, 3 b, 4 a, 5 b

P 2 förälskad 3 strålande 4 betalade 5 högre 6 mindre

Unit 18

A 1 d, 2 f, 3 a, 4 b, 5 c, 6 e

B 2 tror 3 tror 4 tror 5 tror 6 tycker 7 tycker

C 2 tycker 3 tycker 4 tycker 5 tycker 6 tror

E 2 b, 3 a, 4 c, 5 b, 6 a

F 1 b, 2 a, 3 c, 4 b, 5 a

G 2 inte komma i tid 3 om den nya regeringen 4 vad de menar 5 med sin konst 6 debatten var oseriös

H Till exempel om vargen jagar en djurägares kor, får eller renar.

I 1 Därför att vargen dödar andra djur som renar och får. 2 Little Red Riding Hood. 3 Nej, inte alla. 4 Därför att den hör till den biologiska mångfalden. 5 De betyder varg.

J 2 minskar 3 farlig 4 lever 5 cirka 6 olika 7 tydlig

K 1 a, 2 c, 3 c, 4 b, 5 a

L diskuterar – äger – skyddar – attackerar – en berättelse – lever

Unit 19

A **drunknar** = *drown*, **ligger** = *lie*, **ryker** = *smoke*, **sjunker** = *lower/sink*, **spricker** = *burst/split*, **står** = *stand*, **sitter** = *sit*, **vaknar** = *wake up*

B 2 lagt 3 lagt 4 låg 5 legat

C 1 sjunka 2 sänker 3 sänker 4 sjunker

D 1 väcka 2 vakna 3 vaknar 4 vaknade 5 väcker

E grå = *grey*, **kall** = *cold*, **ljus** = *light*, **mogen** = *mature*, **mulen** = *cloudy*, **mörk** = *dark*, **tjock** = *thick*, **röd** = *red*, **tyst** = *silent*, **vaken** = *awake*, **vissen** = *withered*

F 2 grånade 3 mognat 4 kallnar 5 rodnade 6 tystnade

G kittlades – kittlats – knuffades – knuffats – lurats – retades – retats – slogs – sparkades – sparkats

H 1 bet 2 sparkas – sparkade 3 kittla 4 knuffades

I 2 bytt 3 förändrades 4 ändrat 5 byta 6 växlade 7 ändra 8 byta

K 6 Åskregnet släcker alla bränder ombord på fartyget.

5 Det har börjat brinna igen.

3 Terroristen har spräckt en fönsterruta.

1 Julia och Roger är på bröllopsresa på ett kryssningsfartyg, när det börjar brinna.

2 Terroristen har tänt eld på båten därför att han vill sänka Sveriges kungafamilj i havet.

7 I slutet av filmen mår Julia och Roger jättebra.

4 Julia slår terroristen i huvudet med en whiskyflaska.

M 1 c, 2 a, 3 b, 4 c, 5 b, 6 c

N 1 en besättning 3 en gäspning 4 *yawn* 5 *cruise* 6 en räddning 7 *salvation/rescue* 8 räddar 9 en släckning 10 *extinguish* 11 släcker

O 1 skriker 2 smyger 3 fartyg 4 himmel 5 brand

Unit 20

A 1 e, 2 d, 3 f, 4 b, 5 c, 6 a

B

då	nu	framtid
för … sedan	nu	om en timme
förra veckan/månaden	den här veckan/månaden	om en vecka/månad
förra året	det här året	om ett år
i morse/igår morse		i morgon bitti
I går	i dag	i morgon
i söndags morse		på söndag morgon
i går kväll		i morgon kväll
i lördags		på lördag (veckodagar)
i somras (årstider)		i sommar
i april (månader)		i april
i julas (stora helger)		i jul

C

	Då	Nu	Framtid	English
om ett par dagar			x	*in a few days*
för några minuter sedan	x			*some minutes ago*
i år		x		*this year*
i våras	x			*last spring*
nästa helg			x	*next weekend*
om en stund			x	*in a moment*
nyss	x			*just/recently*
på lördag kväll			x	*on Saturday evening*
i min barndom	x			*in my childhood*
nuförtiden		x		*nowadays*

I   2 *afraid of* 3 *proud of* 4 *kind to* 5 *crazy about* 6 *happy about* 7 *satisfied with*
     8 *in love with*

J   1 c, 2 a, 3 a, 4 b, 5 c, 6 c

L   2 Varför är du så elak mot mig? 3 De är aldrig orättvisa mot oss. 4 Vi är förvånade över dina
     resultat. 5 Varför är hon irriterad på oss? 6 De verkar ofta missnöjda med något. 7 Många
     svenskar är förtjusta i kanelbullar. 8 Hon är alltid artig mot sin farmor.

M   (alternatives are possible) 2 I kväll måste du påminna mig om att ringa mormor. 3 Jag vet
     ingenting om andra världskriget. 4 I natt drömde jag om svensk grammatik. 5 Hörde du om
     Peters nya tjej. 6 Han säger inte vad han tycker om den politiska situationen. 7 Handlade filmen
     om datateknik?

N   2 Nej. Man behöver mycket mer snö än is när man bygger upp ishotellet. 3 Nej, det finns en
     speciell utbildning i skulptur, arkitektur och byggnadskonst.
     4 Nej, de måste sova i en issäng. 5 Nej, det ligger cirka 950 kilometer från Stockholm. 6 Nej, alla
     rum har olika design.

O   1 b, 2 d, 3 e, 4 f, 5 g, 6 a, 7 c

P

dop -et Ø	döper	döpt
byggnad -en -er	bygger	byggd
behov -et Ø	behöver	behövd
besök -et Ø	besöker	besökt
design -en -er	designar	designad
giftermål -et Ø	gifter sig	gift
hjälp -en	hjälper	hjälpt
möbel -n, möbler	möblerar	möblerad

Adjektiv *(adjectives)* describe a quality in the **substantiv** *(noun)* or **pronomen** *(pronoun)*. **Snäll** *kind*, **gul** *yellow* and **svår** *difficult*. Swedish **adjektiv** agree with the **substantiv** and **pronomen**. **En snäll lärare** *a kind teacher*, **ett snällt barn** *a kind child*, **den snälla läraren** *the kind teacher*, **många snälla lärare** *many kind teachers*. **Adjektiv** can also be used to compare. **London är större än Stockholm** *London is bigger than Stockholm*.

Adverb *(adverb)* function rather like **adjektiv** but instead of describing **substantiv** *(nouns)* they describe **verb, adjektiv** and whole **satser** *(clauses)*. In Swedish you can often, but not always, make an **adverb** from an **adjektiv** by adding -t. **Hon sjunger vackert** *She sings beautifully*.

Artikel *(article)* A **substantive** *(noun)* in Swedish, like in English, is usually accompanied by an **artikel** and follows in most of the cases the same rules in both languages. **En flicka** *a girl*. An important difference is that **bestämd artikel** *(definite article)* in Swedish is an ending. **Flickan** *the girl*.

Bestämd *(definite)* refers to something previously mentioned or known to the reader/listener. **Solen skiner** *The sun is shining*.

Bestämmare *(determiners)* are used to modify a **substantiv** *(noun)*. This function is usually performed by **artiklar** *(articles)*, **possessiva pronomen** *(possessive pronouns)*, or quantifiers like **någon** *some*, **ingen** *any*, **annan** *other*, etc.

Bisats *(subordinate clauses)* depend on a **huvudsats** *(main clause)* for its complete meaning, and cannot stand alone as a sentence. **... när jag förstår**. ... *when I understand*.

Genitiv *(genitive)* is when we add an -s to a Swedish **substantiv** *(noun)* or a name to show possession. **Johns hus** *John's house*.

Hjälpverb *(auxiliary verbs)* (see **Verb**)

Huvudsats *(main clauses)* usually comprise a **substantiv/pronomen** *(noun/pronoun)* and a **verb** and can stand alone, i.e. function as a sentence. **Jag förstår** *I understand*.

Imperativ *(imperatives)* are verbs expressing command, warning or direction. **Se upp!** *Look out!*

Infinitiv *(infinitive)* (see **Verb**)

Intransitiv (see **Verb**)

Kongruens *(agreement)* shows the relationship between, e.g., the **adjektiv** and the **substantiv** *(noun)*. **Palatset är stort**. *The palace is big*.

Obestämd *(indefinite)* refers to something unknown to the reader/listener. **Anna har köpt ett hus** *Anna has bought a house*.

Objekt *(objects)* are the persons or things which receive the action in a **sats** *(clause)*. **Lisa läser en bok** *Lisa reads a book*.

Ordföljd *(word order)* is important since there are no different forms for Swedish (and English) **subjekt** and **objekt**. Compare the following where only the word order tells us who is hitting: **Flickan slår pojken** *The girl hits the boy* with **Pojken slår flickan** *The boy hits the girl*.

Particip *(participles)* are words formed from the **verb** which can be used as **adjektiv** or **adverb**. **Dörren är stängd** *The door is closed.*

Partiklar *(particles)* are small words that follow quite a number of Swedish **verbs.** When a **verb** is combined with a **partikel** it takes on a new meaning. **Jag går** *I walk.* **Jag går in** *I enter.*

Passiv *(passive)* is used when the focus is on the action. It is not important to know who is performing the action. **Min cykel stals igår** *My bicycle was stolen yesterday.*

Prepositioner *(prepositions)* are small and common words which never change form, e.g., **på** *on*, **bakom** *behind*, **med** *with*. They describe the relationship between words in a **sats** *(clause)*.

Presens *(present tense)* (see **Verb**)

Preteritum *(past tense)* (see **Verb**)

Pronomen *(pronouns)* are words that we use in place of a **substantiv** *(noun)*. There are personal pronouns, such as **hon** *she*, possessive pronouns, such as **hennes** *her*, interrogative pronouns, such as **Vem?** *Who?* **Vad?** *What?*

Reciprok *(reciprocal)* indicates a mutual activity in the verb. **Vi kysstes ofta.** *We kissed each other often.*

Reflexiv *(reflexive)* applies to both **pronomen** and **verb**. Reflexiva pronomen refer to the **subjekt** *(subject)* in the same **sats** *(clause)*. They have a different form in the 3rd person. **Han rakar sig** *He shaves.* **Reflexiva verb** incorporate a **reflexivt pronomen. Vi har lärt oss svenska.** *We have learnt Swedish.*

Sats *(clause)* (see **Huvudsats** and **Bisats**)

Satsadverb *(clause adverb)* are **adverb,** e.g., **inte** *not* modifying the sense of the **sats** *(clause)* as a whole. **Vi är inte dumma** *We are not stupid.*

Subjekt *(subjects)* are the persons or things who are acting in a clause. *Hela familjen* **spelar fotboll** *The whole family plays football.*

Substantiv *(nouns)* are words for people, animals, things, places, materials and ideas (**flicka** *girl*, **skola** *school*, **kärlek** *love*). **Substantiv** have singular and plural forms (**flickor** *girls*, **skolor** *schools*) and also **bestämd** (**flickan** the *girl*) and **obestämd** (**en flicka** a *girl*) forms.

Tempus *(tenses)* (see **Verb**)

Transitiv *(transitive)* (see **Verb**)

Verb describes what someone does or what happens. They change **tempus** *(tense)* (= form) according to if the action takes place now (= **presens** [*present tense*]) **Jag läser** *I am reading*, or in the past, **preteritum** *(past tense)* **Jag läste** *I was reading*. **Hjälpverb** *(auxiliary verbs or helping verbs)* always come in **presens** or **preteritum** together with a main **verb** in **infinitiv. Jag måste repetera det här.** *I have to repeat this.* Usually **infinitiv** in Swedish end in -**a.** **Transitiva verb** *(transitive verbs)* can take an **objekt. Åsa läser en bok.** *Åsa reads/is reading a book.* **Intransitiva verb** cannot take an **objekt. Peter sover.** *Peter sleeps/is sleeping.*

Swedish-English

advokat *-en, -er*	lawyer
affisch *-en, -er*	poster
affär *-en, -er*	shop, business
aktar *aktade, aktat*	watch out
allvarlig *-t, -a*	serious
andas *andades, andats*	breathe
anfaller *anföll, anfallit*	attack
annan *annat, andra*	another
annonspelare *-n, ⊘*	advertising pillar
anser *ansåg, ansett*	think, believe
ansikte *-t, -n*	face
anställer *anställde, anställt*	employ
antar *antog, antagit*	suppose
apotek *-et, ⊘*	pharmacy
arbetslös *-t, -a*	unemployed
arg *-t, -a*	angry
artig *-t, -a*	polite
avbryter *avbröt, avbrutit*	interrupt
avdelning *-en, -ar*	department
avgör *avgjorde, avgjort*	decide, settle
bantning *-en, -ar*	dieting
barndom *-en, -ar*	childhood
bastu *-n, -r*	sauna
bedrar *bedrog, bedragit*	deceive
befolkning *-en, -ar*	population
behåller *behöll, behållit*	keep
bekväm *-t, -a*	comfortable
belägen *beläget, belägna*	situated
ben *-et, ⊘*	leg, bone

ber *bad, bett*	pray
berg *-et, ⊘*	mountain
berättare *-n, ⊘*	story teller
berömd *berömt, -a*	famous
bestick *-et, ⊘*	cutlery
består *bestod, bestått*	consist
beställer *beställde, beställt*	order
bestämmelse *-n, -er*	regulation
bestämmer *-stämde, -stämt*	decide
besviken *besviket, besvikna*	disappointed
besättning *-en, -ar*	crew
besökare *-n, ⊘*	visitor
betalar *betalade, betalat*	pay
betalning *-en, -ar*	payment
betyder *betydde, betytt*	mean
bild *-en, -er*	picture
billig *-t, -a*	cheap
bjuder *bjöd, bjudit*	invite
björn *-en, -ar*	bear
blad *-et, -en*	leaf
bland annat	among other things
blandar *blandade, blandar*	mix
blek *-t, -a*	pale
blixt *-en, -ar*	flash
blyg *-t, -a*	shy
blåser *blåste, blåst*	blow
bokar *bokade, bokat*	book, reserve
bokhylla *-n, -hyllor*	bookshelf

borstar *borstade, borstat*	brush	domkyrka *-n, -kyrkor*	cathedral
bortskämd *bortskämt, -a*	spoilt	dop *-et,* ⊘	baptism
bostadshus *-et,* ⊘	residential block	dosa *-n, dosor*	box
brand *-en, bränder*	fire	drottning *-en, -ar*	queen
bred *brett, -a*	wide, broad	drunknar *drunknade, drunknat*	drown
bredvid	beside	drygt	slightly more than
brinner *brann, brunnit*	burn		
bro *-n, -ar*	bridge	dränker *dränkte, dränkt*	drown
bror *brodern, bröder*	brother	drömmer *drömde, drömt*	dream
brun *-t, -a*	brown	duktig *-t, -a*	good, capable, fine
brygger *bryggde, bryggt*	brew		
bryter *bröt, brutit*	break	dum *-t, -ma*	stupid
bränner *brände, bränt*	burn	dyrbar *-t, -a*	valuable
bröllop *-et,* ⊘	wedding	då och då	sometimes
by *-n, -ar*	village	däremot	however, on the other hand
bygger *byggde, byggt*	build		
byrå *-n, -er*	chest of drawers	därför att	because
byter *bytte, bytt*	change, exchange	dömer *dömde, dömt*	sentence
		döpt *döpt, -a*	baptized
bäddar *bäddade, bäddat*	make the bed	dör *dog, dött*	die
bär *bar, burit*	carry	eftersom	because
börjar om *började, börjat*	restart	elektriker *-n,* ⊘	electrician
centralvärme *-n*	central heating	engagerad *engagerat, -e*	involved
dagbok *-en, -böcker*	diary	enkel *-t, enkla*	simple, easy
dammig *-t, -a*	dusty	ensam *-t, -ma*	alone, lonesome
dammsuger *-sög, -sugit*	vacuum	evig *-t, -a*	eternal, everlasting
del *-en, -ar*	part		
delar *delade, delat*	divide	fabrik *-en, -er*	factory
deltar *deltog, deltagit*	participate	farlig *-t, -a*	dangerous
djur *-et, -*⊘	animal	fartyg *-et,* ⊘	ship
djurhud *-en, -ar*	animal's skin	fastän	although, even though

fattig -t, -a	poor	förbereder beredde, berett	prepare
fjäll -et, ⊘	mountain	förbjuder -bjöd, -bjudit	forbid
flickvän -nen, -ner	girlfriend	föreställer -ställde, -ställt	imagine
flitig -t, -a	diligent	författare -n, ⊘	author, writer
flyger flög, flugit	fly	förhållande -t, -n	relation
flytande	fluent, liquid	förlänger -längde, -längt	prolong
flyttar flyttade, flyttat	move	förmodar -modade, -modat	suppose
flöjt -en, -er	flute	förresten	by the way
folkomröstning -en, -ar	referendum	försen -t, -a	too late
folkrik -t, -a	populous, densely populated	förskola -n, -skolor	preschool
		förstående	understanding
forskare -n, ⊘	researcher	förstås	of course, naturally
fortsätter fortsatte, fortsatt	continue	försök -et, -en	attempt, effort, experiment
fototidning -en, -ar	photo magazine		
framför	in front of	försöker försökte, försökt	try
framställer -ställde, -ställt	produce	förtjust i	fond of
framtid -en	future	förut	before
fred -en	peace	förvånad förvånat, förvånade	surprised
fryser frös, frusit	be cold, be freezing	förälskad i	in love with
		förändrar -ändrade, -ändrat	change
fräckhet -en	audacity	ganska	rather, quite
ful -t, -a	ugly	garderob -en, -er	wardrobe
funderar funderade, funderat	think about, consider	gemensam -t, -ma	common
		gissar gisssade, gissat	guess
fågel -n, fåglar	bird	glasbruk -et, ⊘	glassworks
får -et, ⊘	sheep	glasögon -en	glasses
får (auxiliary verb) fick, fått	is allowed to	glömmer glömde, glömt	forget
fåtölj -en, -er	armchair	griper grep, gripit	catch, arrest
fängelse -t, -n	prison	grubblar grubblade, grubblat	ponder
färg -en, er	colour	grundar grundade, grundats	found
färsk -t, -a	fresh		

gryta *-n, grytor*	pot, cauldron
gråtande	crying
gräns *-en, -er*	border
går av *gick, gått*	get off, break, snap
går bort	pass away, go out (for dinner)
går förbi	walk past, pass
går in	enter
går ner	descend, go downstairs
går på	get on
går undan	get out of the way
går under	be ruined, go down
går upp	rise, go upstairs
går ut	leave
går vilse	get lost
går åt	be used up
går över	cross, cease, pass
gäspar *gäspade, gäspat*	yawn
gäst *-en, -er*	guest
halsband *-et, ⊘*	collar
hammare *-n, ⊘*	hammer
hamn *-en, -ar*	port, harbour
handelsman *-nen, -män*	tradesman
hantverkare *-n, ⊘*	craftsman, artisan
helg *-en, -er*	weekend
hemsk *-t, -a*	terrible
hes *-t, -a*	hoarse

hinner *hann, hunnit*	get done, have time
hittar *hittade, hittat*	find
hjälte *-n, hjältar*	hero
hoppas *hoppades, hoppats*	hope
hyr *hyrde, hyrt*	rent
håller av *höll, hållit*	like
håller fram	hold out
håller ihop	keep … together
håller in	pull in
håller kvar	keep, detain, hold
håller med	agree
håller till	be, hang out
håller tillbaka	keep … back, restrain
håller upp	hold up, cease
håller ut	hold out, presevere
hållplats *-en, -er*	stop, halt
hår *-et*	hair
hård *hårt, hårda*	hard
hälsar på *hälsade, hälsat*	visit
hälsorisk *-en, -er*	health hazard
hämtar *hämtade, hämtat*	collect, get
händer *hände, hänt*	happen
härlig *-t, -a*	wonderful
häst *-en, -ar*	horse
hög *-t, -a*	high
hör till	belong to
hörn *-et, ⊘*	corner

i morgon bitti	tomorrow early in the morning	**kostym** *-en, -er*	suit
ibland	sometimes	**kraftig** *-t, -a*	big, sturdy, robust
inför *införde, infört*	introduce	**krig** *-et, ⊘*	war
innan	before	**krigare** *-n, ⊘*	warrior
inomhus	indoors	**kriminalroman** *-en, -er*	crime novel
invånare *-n, ⊘*	inhabitant	**kristendom** *-en*	Christianity
jagar *jagade, jagat*	hunt	**krockar** *krockade, krockat*	run/crash into
kammar *kammade, kammat*	comb	**krokus** *-en, -ar*	crocus (flower)
kastar bort *kastade, kastat*	throw away	**krukväxt** *-en, -er*	plant
katastrof *-en, -er*	catastrophe	**kryper** *kröp, krupit*	crawl
kirurg *-en, -er*	surgeon	**kråka** *-n, kråkor*	crow
kittlar *kittlade, kittlat*	tickle	**kräks** *kräktes, kräkts*	vomit
klipper *klippte, klippt*	cut	**krävande**	demanding
kloster *klostret, ⊘*	monastery	**kudde** *-n, kuddar*	cushion, pillow
klänning *-en, -ar*	dress	**kundvagn** *-en, -ar*	trolley, cart
klär om *klädde, klätt*	change clothes	**kust** *-en, -er*	coast
klär på	dress	**kvadratmeter** *-n, -metrar*	square meter
kniv *-en, -ar*	knife	**kvarn** *-en, -ar*	mill
knuffar *knuffade, knuffat*	push	**kyckling** *-en, -ar*	chicken
knyter *knöt, knutit*	tie	**kylskåp** *-et, ⊘*	fridge
ko *-n, -r*	cow	**kyrka** *-n, kyrkor*	church
kokar *kokade, kokat*	boil	**källare** *-n, ⊘*	basement
komiker *-n, ⊘*	comedian	**känd** *känt, -a*	famous
kommer ihåg *kom, kommit*	remember	**känner** *kände, känt*	know
kommun *-en, -er*	municipality	**känner igen** *kände, känt*	recognize
kompis *-en, -ar*	friend	**kök** *-et, ⊘*	kitchen
konst *-en*	art	**körkort** *-et, ⊘*	driving licence
konstnär *-en, -er*	artist	**köttbulle** *-n, -bullar*	meat ball
kontor *-et, ⊘*	office	**laddar ur** *laddade, laddat*	discharge
kopplar av *kopplade, kopplat*	relax	**lagar mat** *lagade, lagat*	cook food

landsbygd *-en*	countryside	lök *-en, -ar*	onion
larmas *larmades, larmats*	call	löser *löste, löst*	solve
lat ⊘, *-a*	lazy	mage *-n, magar*	stomach
ledamot *-en, ledamöter*	member	mager *-t, magra*	thin, skinny
ledsen *ledset, ledsna*	sad	makt *-en, -er*	power
leende *-t, -n*	smile	mark *-en, -er*	ground, land
lekplats *-en, -er*	playing ground	matta *-n, mattor*	carpet
letar *letade, letat*	search	meddelande *-t, -n*	message
liv *-et,* ⊘	life	medelålders	middle aged
ljuger *ljög, ljugit*	lie	medlem *-men, -mar*	member
ljus *-t, -a*	light	medvetslös *-t, -a*	unconcious
lockande	enticing	mil *-en,* ⊘	10 kilometres
lockig *-t, -a*	curly	miljö *-n, -er*	environment, atmosphere
lugn *-t, -a*	calm, quiet, peaceful		
		minns *mindes, mints*	remember
lunginflammation *-en*	pneumonia	minskar *minskade, minskat*	go down, diminish
lurar *lurade, lurat*	cheat		
lyckas *lyckades, lyckats*	succeed	missnöjd *-nöjt, -a*	dissatisfied
lycklig *-t, -a*	happy	misstänker *-tänkte, -tänkt*	suspect
lånar *lånade, lånat*	borrow	mjuk *-t, -a*	soft
låser *låste, låst*	lock	mjöl *-et*	flour
låter *lät, låtit*	sound (verb)	mogen *moget, mogna*	mature
låtsas *låtsades, låtsats*	pretend	morgonpigg *-t, -a*	early bird
lägenhet *-en, -er*	flat, apartment	motsats *-en, -er*	opposite
lägger sig *la(de), lagt*	go to bed	mulen *mulet, mulna*	cloudy
längs	along	mullrar *mullrade, mullrat*	rumble, roll
längtar *längtade, längtat*	long for, yearn	mun *-nen, -nar*	mouth
läpp *-en, -ar*	lip	munk *-en, -ar*	monk
lär sig *lärde, lärt*	learn	mus *-en, möss*	mouse
lärd *lärt, -a*	learned, erudite	mål *-et,* ⊘	goal
läxa *-n, läxor*	homework	målar om *målade, målat*	repaint

mångfald *-en*	diversity	**ovanför**	above
människa *-n, människor*	people	**paraply** *-et, -n*	umbrella
mänsklighet *-en, -er*	mankind	**pengar**	money
möbel *-n, möbler*	piece of furniture	**platt** *⊘, -a*	flat
mörk *-t, -a*	dark	**plockar** *plockade, plockat*	pick
nationalpark *-en, -er*	national park	**plötsligt**	suddenly
njuter *njöt, njutit*	enjoy	**polisong** *-en, -er*	side-whiskers
nyckel *-n, nycklar*	key	**politiker** *-n, ⊘*	politician
nyfiken *nyfiket, nyfikna*	curious	**pris** *-et, ⊘*	prize
nyhet *-en, -er*	a piece of news	**promenad** *-en, -er*	walk
nytta *-n*	use, good, advantage, benefit	**provar** *provade, provat*	try
		putsar *putsade, putsat*	clean, polish, shine
nyårsafton *-en, -aftnar*	New Year's Eve	**påsk** *-en*	Easter
näktergal *-en, -ar*	nightingale	**rabatt** *-en, -er*	discount
nämner *nämnde, nämnt*	mention	**radiokanal** *-en, -er*	radio channel
nöjd *nöjt, -a*	content	**rak** *-t, -a*	straight
nöjespark *-en, -er*	amusement park	**rakar** *rakade, rakat*	shave
		rand *-en, ränder*	stripe
odlar *odlade, odlat*	cultivate	**randig** *-t, -a*	striped
om	if	**reklam** *-en*	publicity, advertisement
område *-t, -n*	district, area		
ont	pain	**ren** *-en, -ar*	reindeer
ordförande *-n, ⊘*	chairman	**resa** *-n, resor*	journey (noun)
orm *-en, -ar*	snake	**reser** *reste, rest*	travel
oroande	worrying	**retar** *retade, retat*	annoy
oroar sig *oroade, oroat*	worry	**rider** *red, ridit*	ride (e.g., a horse)
orolig *-t, -a*	worried		
ostsmörgås *-en, -ar*	cheese sandwich	**rit** *-en, -er*	rite
osäker *-t, osäkra*	unsure	**rolig** *-t, -a*	fun
otydlig *-t, -a*	unclear	**roman** *-en, -er*	novel

rosa ⊘, ⊘	pink	**skicklig** -t, -a	skilful, competent
rot -en, rötter	root	**skida** -n, -skidor	ski
rutten ruttet, ruttna	rotten	**skiljer sig** skilde, skilt	divorce
ryker rykte, rykt	smoke, reek, smoulder	**skilsmässa** -n, -mässor	divorce
rädd för -, -a	afraid of	**skiner** sken, skinit	shine
räddning -en, -ar	rescue	**skjuter** sköt, skjutit	shoot
räknar räknade, räknat	count	**skjuter på**	push
rättvis -t, -a	fair	**skjuter upp** sköt, skjutit	postpone
röker rökte, rökt	smoke	**sko** -n, -r	shoe
röntgar röntgade, röntgat	x-ray	**skog** -en, -ar	forest
röstar röstade, röstat	vote	**skrattar** skrattade, skrattat	laugh
saga -n, sagor	fairy tale	**skriver om** skrev, skrivit	rewrite, revise
sakta	slowly	**skräckfilm** -en, -er	horror film
samtidigt som	at the same time as	**skyddar** skyddade, skyddat	protect
		skyndar skyndade, skyndat	hurry
schack	chess	**skåp** -et, ⊘	cupboard
ser ... ut såg, sett	look like, appear	**skägg** -et, ⊘	beard
simmar simmade, simmat	swim	**skäms** skämdes, skämts	be ashamed
sjuder sjöd, sjudit	simmer	**skär** skar, skurit	cut
sjuk -t, -a	ill	**slott** -et, ⊘	castle
sjukdom -en, -ar	disease	**slår** slog, slagit	hit
sjukhus -et, ⊘	hospital	**släcker** släckte, släckt	turn off, extinguish
sjunger sjöng, sjungit	sing		
sjunker sjönk, sjunkit	sink	**släkting** -en, -ar	relative
självisk -t, -a	selfish	**smak** -en, -er	taste
sjö -n, -ar	lake	**smal** -t, -a	slim, narrow
skadar skadade, skadat	hurt	**sminkar** sminkade, sminkat	put on make-up
skalar skalade, skalat	peel	**smutsig** -t, -a	dirty
skatt -en, -er	tax	**smyger** smög, smugit	slip, sneak
skickar skickade, skickat	send	**smälter** smälte, smält	melt

snart	soon	**stolt** ⊘, *-a*	proud
snus *-et*	a moist kind of tobacco	**stormakt** *-en, -er*	great power
		strand *-en, stränder*	beach
snygg *-t, -a*	good looking	**strumpa** *-n, strumpor*	sock
snål *-t, -a*	mean	**stryker** *strök, strukit*	iron
snäll *-t, -a*	kind	**strykjärn** *-et,* ⊘	iron
snö *-n*	snow	**strålar** *strålade, strålat*	shine
socker *sockret*	sugar	**stund** *-en, -er*	while, moment
solar *solade, solat*	sunbathe	**står ut** *stod, stått*	stand
sommarstuga *-n, -stugor*	summer house, summer cottage	**stänger av** *stängde, stängt*	turn off
		sur *-t, -a*	sour, acid
sovalkov *-en, -er*	bedstead recess	**svart** ⊘, *-a*	black
sovsäck *-en, -ar*	sleeping bag	**svartsjuk** *-t, -a*	jealous
sparkar *sparkade, sparkat*	kick	**svettas** *svettades, svettats*	sweat (verb)
spegel *-n, speglar*	mirror	**svimmar** *svimmade, svimmat*	faint
spis *-en, -ar*	stove	**svär** *svor, svurit*	swear
spricker *sprack, spruckit*	split, cleave	**syr** *sydde, sytt*	sew
springer *sprang, sprungit*	run	**så småningom**	gradually, little by little
spräcker *spräckte, spräckt*	crack, burst, ruin		
spännande	exciting	**sådan** *sådant, sådana*	such
staller sig *ställde, ställt*	stand up	**säljer** *sålde, sålt*	sell
stark *-t, -a*	strong	**säng** *-en, -ar*	bed
staty *-n, -er*	statue	**sänker** *sänkte, sänkt*	lower, reduce
stavar *stavade, stavat*	spell	**sätter sig** *satte, satt*	sit
steker *stekte, stekt*	fry	**sörjande**	mourner
stekpanna *-n, -pannor*	frying pan	**söt** *-t, -a*	sweet, cute
sten *-en, -ar*	stone	**tak** *-et,* ⊘	roof, ceiling
stiger upp *steg, stigit*	get up	**talang** *-en, -er*	talent
stirrar *stirrade, stirrat*	star	**tandläkare** *-n,* ⊘	dentist
stjäl *stal, stulit*	steal	**tillhör** *tillhörde, tillhört*	belong to
stock *-en, -ar*	log	**tillsammans med**	together with

tillverkar *-verkade, -verkat*	produce	underbar *-t, -a*	wonderful
tillåten *tillåtet, tillåtna*	permitted	undervisar *-visade, -visat*	teach
timme *-n, timmar*	hour	undrar *undrade, undrat*	wonder
tjock *-t, -a*	fat	ungdom *-en, -ar*	youth
tjog *-et, ⊘*	score	uppfinnare *-n, ⊘*	inventor
tokig *-t, -a*	crazy	upplever *-levde, -levt*	experience
ton *-net, ⊘*	metric ton	uppskattar *-skattade, -skattat*	appreciate
torg *-et, ⊘*	square	upptäcktsresande	explorer
torkar *torkade, torkat*	wipe	utbildad *utbildat, utbildade*	educated
torn *-et, ⊘*	tower	utflykt *-en, -er*	excursion
trevlig *-t, -a*	nice	utgift *-en, -er*	expense
trivs *trivdes, trivts*	be happy, feel at home, flourish	utmärkt	perfectly
		utomlands	abroad
trogen *troget, trogna*	faithful	utrikesminister *-n, -ministrar*	Minister of Foreign Affairs
troligtvis	probably		
trots att	although, even though	uttrycker *uttryckte, uttryckt*	express
		utvandring *-en, -ar*	emigration
trädgård *-en, -ar*	garden	utvecklar *-vecklade, -vecklat*	develop
tränar *tränade, tränat*	work out, practise	vacker *-t, vackra*	beautiful
		valuta *-n, -or*	currency
tröja *-n, tröjor*	sweater	vandrarhem *-met, ⊘*	youth hostel
tröttande	tiring	vanlig *-t, -a*	common
tumme *-n, tummar*	thumb	vara *-n, varor*	article, product
tung *-t, -a*	heavy	varandra	each other
turistmål *-et, ⊘*	tourist destination	vardagsrum *-met, ⊘*	living room
tvåspråkig *-t, -a*	bilingual	varg *-en, -ar*	wolf
tvättar *tvättade, tvättat*	wash	vattendrag *-et, ⊘*	water course
tyst *-⊘, -a*	silent	vecklar ut *vecklade, vecklat*	unfold
tävlande	contestants	vems	whose
umgås *umgicks, umgåtts*	be together, socialize	verkstad *-en, -städer*	workshop, repair shop

vik *-en, -ar*	bay, gulf	yta *-n, ytor*	surface
viktig *-t, -a*	important	å *-n, -ar*	river
vilar *vilade, vilat*	rest	åker förbi *åkte, åkt*	pass
vinner *vann, vunnit*	win	åldras *åldrades, åldrats*	age, grow old
vinterdag *-en, -ar*	winter day	ångest *-en*	anxiety
visar *visade, visat*	show	årstid *-en, -er*	season
vissen *visset, vissna*	faded, withered	åsikt *-en, -er*	opinion
vitsippa *-n, vitsippor*	wood anemone	äcklig *-t, -a*	disgusting
vrider *vred, vridit*	turn	ägare *-n, ⊘*	owner
våt *-t, -a*	wet	ämne *-t, -n*	subject
vägg *-en, -ar*	wall	äntligen	finally
väljer *valde, valt*	choose	ärkebiskop *-en, -ar*	archbishop
vänlig *-t, -a*	kind	ögon ⊘	eyes
värld *-en, -ar*	world	ökar *ökade, ökat*	grow
världskrig *-et, ⊘*	world war	övar *övade, övat*	practise
väska *-n, väskor*	bag	överallt	everywhere
växlar *växlade, växlat*	exchange, change	överraskning *-en, -ar*	surprise
yrke *-t, -n*	profession